本书同时获得广东省哲学社会科学"十二五"规划项目"广东省建设高水平大学绩效评价研究——以人文社科科研绩效为例"（GD15XYJ19）的资助

Local Government and Public Education:
in the Perspective of Fiscal Decentralization

广州大学·青年博士学术文库

地方政府与公共教育
——以财政分权为视角

于之倩◎著

社会科学文献出版社
SOCIAL SCIENCES ACADEMIC PRESS (CHINA)

摘　要

财政分权已成为世界性趋势，其中中国的分权程度一直居世界前列。中国的财政分权具有独特性，主要表现为经济上的分权与政治上的垂直管理体制，而地方政府行为很大程度上由财政分权体制决定，受到经济和政治的双重激励。地方政府成为推动地方经济发展的发动机，带来了高速的经济发展。地方政府行为主要表现为地方政府竞争与政府治理。为了争夺有限的资源，地方政府纷纷展开竞争。与此同时，地方政府改善政府治理以提高资源配置效率。教育是民族振兴和社会进步的基石，兼具经济和社会价值。具有准公共品属性的公共教育可保证公民获取能力所及范围内最大程度的教育，是个人和国家发展的需要。政府承担着合理配置公共教育资源、保障公共教育有效供给的责任。本书试图研究在中国式财政分权体制下，地方政府行为与公共教育供给间的内在关系，考察地方政府行为如何作用于公共教育供给及对公共教育供给的影响。

随着财政体制的改革与变化，地方政府在不同阶段所展现出的行为特征随着其效用函数的改变而发生变化，而地方政府在公共教育供给上占据主导地位。本书在理论机制中基于新制度经济学的理论框架，分析了财政分权下地方政府行为取向与公共教育供给的传导机制。地方政府作为没有获得完整产权的产权主体，出于争取完整的产权以不断积累资本的动机而展开竞争。又因受到政绩考核机制的影响，地方政府一味追求经济增长而忽视了公共教育供给。而制度变迁的外部性为财政分权下地方政府的利益提供了制度保障，加强了其展开财政竞争的刺激，导致在竞争过程中出现非理性竞争行为，进一步造成公共教育供给的缺失。此外，地方政府为了降低提供公共教育的交易成本，提高配置资源效率，会努力提高政府治理水平，这样做能够有效改善公共教育供给。本书通过理论模型的构建，论证了地方政府的竞争行为不利于公共教育的供给，而地方政府治理能改善公共教育供给。

实证研究支持上述结论。第四章首先利用 2005～2011 年中国 31 个省（自治区、直辖市）的面板数据，借助 SBM 方向性距离函数对公共教育供给的效率进行测算，得出公共教育供给的效率及导致其无效率的因素，其中高等教育是导致公共教育供给无效率的主要因素。本书进一步对高等教育供给效率进行测算和分解，对导致高等教育供给无效率的主要因素——高校科研产出，进行效率测算分析。通过区域间的比较，发现中部地区的公共教育供给及高等教育供给效率最优，东部地区次之，西部最后，而在高校科研产出效率上，东部地区最优，中部次之，西部最后。其次在测算得出供给效率的基础上，实证检验财政分权下地方政府行为对公共教育供给的影响。结果表明，在全国层面，地方政府竞争与公共教育供给呈高度负相关，反腐败力度指标的系数显著为正，而财政负担率则为负，表明地方政府竞争行为对公共教育供给有显著的负面影响，而政府治理则能有效改善公共教育供给。通过区域间的比较，发现东部地区的地方政府竞争对公共教育供给的影响最明显，中部次之，西部最后，但东部地区在政府治理方面的影响不明显，中部地区的反腐败力度和财政负担率对公共教育供给的影响最明显，西部居中。在进一步回归检验地方政府行为对高等教育供给及高效科研产出的影响中发现，检验结果同公共教育供给大致相同，其中差异主要表现在财政负担率对高等教育供给的影响不显著，而地方政府竞争与高校科研产出效率影响不显著。

关键词： 财政分权　地方政府行为　公共教育

Abstract

Fiscal decentralization is popular all over the world, and that of China is more significant. The characteristics of fiscal decentralization in China are the decentralization in economy and the direct management in politics, and local government under the constraint of fiscal decentralization is affected by both the economy and the politics. Local government focuses on the local economic growth, and government behaviors mainly involve the local government competition and the government management. In order to occupy more resources, local government started to compete and improve the government management to raise the allocation efficiency. Education is the basis of national development with social and economic values, while the public education as quasi-public goods makes the residents get the maximum education. Government has the obligation to allocate educational resources and supply enough public education. This paper aims to study the relationship between the local government and the public education in China's fiscal decentralization, and explores how the local government affects the public education.

As the development of the fiscal system in China, the behavior characteristics of local government change in different stages, and the public education is one of the most important components. On the basis of the new institutional economics, we explore the mechanism between the local government behavior and the public education. Due to the imperfect property right, local governments started to compete to get the whole property right. Additionally, due to the achievement assessment, local governments preferred to raise the economics, but ignored the improvement of public education. Furthermore, the externality of institutional change offering the institutional protection to the local government under the constraint of fiscal decentralization makes the government competition more serious. It is found that there is the non-rational behavior during the period of competition, and the deletion in the public education becomes serious. In order to improve the efficiency of public education, government tried to reduce the cost of public education and improve the quality of government management. Based on a theoretical model, we found that the local government competition undermined the public education, while the local government management improved the public education.

To evidence the results mentioned above, we use the SBM directional distance function to measure the efficiency of public education and explore the sources of inefficiency for 31 provinces in China over the period of 2005 – 2011. It is found that the higher education is the major source to the inefficiency. Furthermore, we explore and decompose the efficiency of higher education, and it is found that the university research output is the major source of the efficiency of higher education. With a comparison among different areas, the middle area has the higher efficiency scores in both public education and higher education, and the east area is the second, while the west area is the weakest. In terms of the university research output, the efficiency score of the east area is the highest, while that of the middle area is lower, and that of the west is still the worst. On the basis of the measurements above, we analyze the effect of local government behavior to the local education under the constraint of fiscal decentralization. We classify one appropriate proxy variable for the local government competition, and the effort against corruption and the financial burden rate are employed for the local government management. The effort against corruption is positive significantly to the public education, whereas the financial burden is negative to that, and it implies that the local government management could improve the efficiency of public education. Regarding the areas, the influence of local government competition in the east area is the most significant, and that of the west area is the worst. However, the influence of local government composition in the east area is not significant, while the effort against corruption and the financial burden rate in the middle area are the significant to the public education. Furthermore, we explore the effects of the local government behavior to the higher education and university research output. It is found that the financial burden rate is not significant to the higher education, and the local government competition is not significant to the university research output.

Keywords: Fiscal Decentralization; Local Government's Behavior; Public Education

目录

第一章　导论 / 001
第一节　研究背景与问题 / 001
第二节　文献综述 / 005
第三节　研究意义与方法 / 030
第四节　基本范畴 / 035
第五节　研究思路与框架 / 039
第六节　本书的创新之处与不足 / 041

第二章　制度背景：分权下财政体制、教育财政体制的演变 / 043
第一节　财政体制演变的特征事实 / 044
第二节　中国教育财政体制 / 053
第三节　小结 / 061

第三章　理论机制与模型设立 / 063
第一节　财政分权下地方政府行为与公共教育供给的传导机制 / 064
第二节　理论模型分析 / 071
第三节　小结 / 076

第四章 财政分权下地方政府行为对公共教育供给的影响 / 078

    第一节 公共教育供给效率测算 / 079

    第二节 模型设定与估计方法 / 112

    第三节 数据来源及变量选取 / 114

    第四节 实证结果分析 / 120

    第五节 小结 / 127

第五章 财政分权视角下公共教育供给的最优化 / 129

    第一节 主要结论 / 129

    第二节 政策建议 / 133

    第三节 后续研究 / 144

参考文献 / 145

后 记 / 169

第一章 导论

第一节 研究背景与问题

在人类社会已经步入知识经济时代背景下,知识与技术凝聚的人力资本竞争成为当前各国竞争的主要表现。而知识和技术的发明与应用及人力资本有效开发的关键在于教育。教育对经济增长和社会福利具有重要影响,教育事业利国利民,兼具经济价值和社会价值。一方面,教育是国民获取发展机会和取得相应收益的基础,能够提高个人在人力资本市场上的价值。教育是否有效供给直接关系到一个国家国民的素质。教育的有效供给是一国国民知识、技能、修养、竞争能力及发展机会等得以有效保障的前提,也是其立足于社会,发展和提升自我的关键要素。教育的有效供给从根本上决定了社会财富分配中个人的相对份额。另一方面,教育是国家经济发展水平和国家综合竞争能力的决定性因素,是国家发展和国力强盛的根本。国家对教育的投入属于人力资本的投资,有效的人力资本投资是培养经济和社会发展所需要高素质劳动者的前提,是国家经济发展的核心驱动力。全球化趋势使各国之间的竞争更加激烈,而国家之间的竞争归根到底是人才的竞争,教育则是其关键。教育对促进个人的发展、国家的强盛乃至推动世界和平和全人类的发展，都起着至关重要的作用。

当今世界正面临着大发展、大变革和大调整，经济全球化趋势以及世界多极化格局正在深入发展。随着市场经济体制的改革、发展和不断完善，中国经济取得了傲人的进步——"中国奇迹"是有目共睹的。目前，中国 GDP 总量已上升至世界第二。在改革发展的关键时期，在确保经济建设稳步健康发展的同时，需要全面推进政治、文化、社会等方面的建设。在全球国际化趋势深入发展下，人口、资源和环境的压力与日俱增，加快转变经济发展方式迫在眉睫，提升国民综合素质和培养创新型人才日益重要和紧迫。中华民族的伟大复兴，中国未来的发展，关键靠人才，基础在教育。教育是民生之基、立国之本、强国之路，是民族振兴和社会进步的基石，是提高国民素质、促进人的全面发展的根本途径。《国家中长期教育改革和发展规划纲要（2010—2020）》中提出，强国必先强教，优先发展教育、提高教育现代化水平，对实现全面建设小康社会奋斗目标、建设富强民主文明和谐的社会主义现代化国家，具有决定性意义。

保障公民最大限度地获取能力所及范围内的教育是公共教育的职责和价值取向，是个人更是国家发展的需要。公共教育是为社会公众服务的教育，可在提高人力资本积累的前提下提升劳动生产力，从而推动经济发展。按照公共经济学的定义，公共教育属于准公共品，具有正的外部性。公共教育作为一种紧缺资源，其投入对社会分配与国家财政支出的结构有着直接影响，关乎国民共同分享国家发展成果，甚至社会公平问题。由于教育具有准公共品的属性，因此难以找到有效的价格体系来对其消费进行控制，与市场机制配置资源的结果存在差异。这一矛盾使公共教育资源不能仅仅依靠市场来解决。公共品不同于私人产品，其消费带来的效用不能在消费者之间分割。具有非竞争性和非排他性的公共品一旦供给，则对其的消费不会影响到其他人的消费，故其应当由政府来提供（张国庆，2005）。戴维·H.罗森布鲁姆（2002）也提出，无论人们的需求多么大，都缺乏购买公共品或准公共品的诱因，个人提供该种产品是不可能的，此时，政府在分配过程中便扮演了不可或缺的角色，承担着重要的责任。公共教育的供应也应主要由政府来承担。早期对政府干预教育的研究可追溯到亚当·斯密。他对于政府供给教育做出了开创性的研究，从教育外部性以及教育公平的视角论证了政府供给教育的合理性。弗里德曼提出了政府必须干预教育的两大理由，其一是教育的外部性，其二是教育对受教育者个体的约束作用。使公民个体平等地享有追求自身发展的权利，实现教育公平，进而使社会平等，无疑是政府首要的职能目标。

对政府行为的研究，视角有很多，例如宪政改革、法治建设等。除此之外，中央政府与地方政府之间的关系也备受国内外学者关注。在经济学界，财政分权理论无疑是研究中央与地方政府之间关系最具影响力的理论。许多国家考虑的是如何更好地分权而不是是否分权的问题（Taillant，1994），财政分权已然成为世界性趋势。以"金砖四国"为代表，几乎所有大国都选择"分而治之"的发展道路。然而，需要指出的是，财政分权并不必然带来经济增长。世界各国经济发展的事实表明，许多依靠分权治理的国家有着截然不同的经济绩效，绩效好坏取决于地方政府行为的取向。Qian和Weingast（1996，1997）指出中国取得高速的经济发展，策略是分权。中国分权程度很高，居世界前列，地方政府在经济发展及公共品供给上，都起着主导作用。分权式改革为中国经济转型奠定了基础，促进了经济体制结构的改变，有助于效率的提高，从而加快了经济增长（王永钦等，2007）。中国的财政分权具有自身独特特征，表现为经济上的分权与政治上的垂直管理体制。傅勇和张晏

(2007)将这种经济分权与政治集权总结为中国式分权的核心内涵。

中国地方政府行为及公共部门效率在很大程度上是由财政分权体制决定的。地方政府受经济和政治双重激励，成为推动地方经济发展的发动机。中国式分权不仅为地方政府提供了财政激励，还构建了一种政府治理模式。因此，政府行为表现为政府竞争和政府治理。为争夺有限的资源，地方政府行为表现为政府间的为增长而竞争，如税收竞争等。政府竞争对中国经济的增长发挥着重要的作用（朱恒鹏，2004）。同时在竞争过程中，受"用脚投票"机制的影响，地方政府为了提高资源配置的效率，进而积极改善政府治理，规范政府行为。然而，地方政府为推动地方经济的发展，寻求一切能够带来投资的来源和采取各种方式加快经济发展的热情是不多见的（周黎安，2007）。与此同时，可能产生地方政府行为扭曲。虽然对公共品进行投入能够提高社会福利，但在以地区生产总值为政绩考核标准情况下，地方政府对基础设施建设、招商引资以及改善投资环境等方面兴趣浓厚，而忽视了公共品领域，例如公共教育，致使城乡之间及地区之间的收入差距持续扩大，公共事业缺失公平的现象越来越严重。一方面是经济的高速增长，基础设施及投资环境的日益改善；另一方面是教育等公共领域的矛盾日益增加。

人口多与现阶段的经济发展水平是中国公共教育发展的现实瓶颈。如何在现有财力等客观条件有限的情况下使公共教育供给效用最大化，进而努力实现教育机会均等及教育公平是当前中国地方政府面临的最大挑战之一。综上所述，本书试图研究在中国式财政分权体制下，地方政府行为如何作用于公共教育供给及对公共教育供给的影响。本书将基于新制度经济学的理论框架，探析地方政府行为与公共教育供给的内在关联，运用 DEA 分析方法测算公共教育供给效率，并分析导致其无效率的因素，进而采用实证方法验证地方政府行为与公共教育供给之间的关系，从而深层次分析地方政府行为对公共教育供给的影响，并进行区域差异分析。

第二节 文献综述

国内外经济学者对分权、政府行为以及公共教育三者间的研究内容非常丰富，逻辑框架较多且各有侧重，还有一些文献研究的主题具有交叉性。考虑到行文的脉络清晰及可控性，本章试从财政分权理论与公共品理论及地方政府行为的相关研究成果，具体考察本书研究主题——财政分权下地方政府行为与公共教育供给，并在相应处给出必要的评论。

一 财政分权与公共品及公共服务

20世纪50年代以来，财政分权成为国家财政理论和实践中的重要问题之一。新古典经济学认为中央政府能够有效识别居民偏好，根据资源禀赋、经济中的产品及服务总量有效供给公共品，以实现社会福利最大化，该命题成立意味着地方政府没有存在的必要性，而现实中地方政府不仅存在，并且发挥着重要的作用，这一事实挑战了已有的理论。关于财政分权这一问题的讨论，国内外学术界的研究成果非常丰富。对财政分权的研究兴趣有诸多根源，首先，财政分权被广泛认同是提高公共支出的有效工具，尽管在分权过程中会产生一些政府政策所不期望的目的，例如地方政府间财政失衡和宏观经济的失调（Oates，1972；Bahl and Linn，1992；Guess et al.，1997；Spahn，1997；Burki et al.，1999；Shah，1999；Martinez et al.，2002；张恒龙、陈宪，2007；王文剑、覃成林,2008;龚锋、卢洪友,2009等);其次,过去数十年间不同政治体制的发展中国家和传统国家大范围的中央集权的失败促使了财政分权的实施,财政分权通过将财政权力下放给地方政府,从而能够打破中央政府对经济的掌控(Brennan and Buchanan,1980;Ehdaie,1994;Weingast,1995;McKinnon,1997;Jin et al.,2000;林毅夫、刘志强,2000;张晏、龚六堂,2006等)。本节首先简述财政分权理论的演进过程,总结其核心命题、研究方法及对象的演变,其次综述财政分权的相关实证研究,最后分析财政分权与公共品及公共服务的关系,揭示其内在关联。

(一) 财政分权理论的演进过程

近几十年来,财政分权趋势在世界各国先后出现,财政分权理论的产生和发展日益受到经济学界和政治学界的重视。一般认为,财政分权理论是以美国经济学家蒂博特(Charles Tiebout)在1956年发表的《地方支出的纯粹理论》(*A Pure Theory of Local Expenditure*,Tiebout,C.,1956)为起点而逐步发展起来。自20世纪50年代发展至今,经历了两代财政分权理论,即第一代财政分权理论及第二代财政分权理论,揭示了财政分权理论在核心命题、研究方法及对象上的转变。下文综述了两代财政分权理论的相关命题和主要观点。

1. 第一代财政分权理论

以Tibeout,Musgrave,Oates及Stigler为代表的第一代财政分权理论,围绕着地方政府职能与公共品或公共服务的提供展开探讨。在"AMS"视角(Samuelson,1954,1955;Musgrave,1959;Arrow,1970)提出的对公共部门性质的基本理解(Oates,2005)下探讨,核心观点是认为财政分权可以克服公共管制中的信息缺损,降低信息不对称性,促使政府之间的竞争能够使政府财政决策更为合理,即满足地方居民的需求,从而改善公共品和公共服务的供给。同新古典厂商理论一样，此时的地方政府被视为"黑箱"，地方政府被假定是公共利益的维护者，以社会福利最大化为目标，能够有效解决公共品和公共服务在市场中的"失灵"。

Tiebout（1956）提出"用脚投票"的机制，在地方政府提供公共品和居民自由迁徙的前提下，居民用脚投票来选择地方政府以实现地方公共品完全竞争。他在代表作《地方支出的纯粹理论》中指出，居民为实现自身效用最大化，不断地迁徙以寻找到某地公共服务和所征收的税收组合最大化满足自身的需求，那么居民便会选择此地长久居住。如果把居民看成消费地方公共品的消费者，把税收看成地方的服务价格，那么居民迁徙选择居住地就是消费者在市场上选择产品，消费者不可能回避其在一个空间经济的偏好，其理论核心是建立在与私人产品的相似性上的。在这种机制作用下，地方政府的公共品供给可以实现帕累托最优，从而使资源有效配置。Stigler（1957）沿着这一思路，分析了地方政府存在的必要性，他认为地方政府相比中央政府更加熟悉当地的居民，对其需求和当地的情况具有信息优势，同时指出，当地居民具有自主投票的权利，能够根据自身偏好选择相应类别和数量的公共服务或公共品，所以地方政府的存在能够提高资源配置的效率。Musgrave（1959）不仅分析了地方政府存在的合理性，同时分析论证了中央政府存在的必要性，在其分权模型中，强调应该根据公共品的受益范围来确定由不同层级的政府提供。地方政府根据当地居民的实际需求，提供相应有效的公共品，实现帕累托效率，并且指出中央政府存在的必要性，因为中央政府承担着全国性公共品供给的职责，对其配置、分配和稳定发挥着统领的作用，同时对整个社会经济的稳定至关重要，在这方面，中央政府相比地方政府单独完成更为有效。在此基础上，Musgrave还提出了最佳社会结构模型，在效率和公平的原则下求解最佳的公共服务供给水平。Oates（1972）通过模型研究了最优分权的条件,假设公共品的消费涉及全部地域的全部人口的子集,且提供该公共品的成本对于中央政府及地方政府都相同,则地方政府能够提供帕累托最优的公共品供给量,而中央政府则不能满足地方选民的需求,通过比较中央政府集中供应公共品和地方政府分散供应的效率,提出了著名的分权定理,认为财政分权下的地方政府能够更有效地配置公共资源,提高公共品供给效率。Oates(1993)假定若地方政府能够对选民的福利做出回应,即通过提供满足居民需求偏好的公共品或服务用以交换居民愿意承担的税收,则分权能够提高决策效率。他们对财政分权理论做了大量的规范性研究,奠定了坚实的理论基础。

2. 第二代财政分权理论

随着财政分权在实践中的发展,第二代财政分权理论将研究重心从公共品转移到地方政府行为及经济增长。到20世纪90年代中期以后,越来越多的学者开始关注财政分权的负面影响(Keen et al.,1996;Goodspeed,2002;Bardhan,2002;Bucovetsky,2005;Rodden,2006)。与第一代财政分权理论的假设前提不同,不再认为政府是仁慈的,会自觉提高公共资源配置效率,满足居民真实偏好从而提高公共品供给效率。第二代财政分权理论的基本假设已经发生了根本变化,显示出不同的视角和结论,将政治因素和激励机制等引入政府财政关系中。Brennan和Buchanan(1980)在公共选择理论视角下分析公共部门,提出政府官员同经济人一样,追求自身利益最大化,则可能在政治决策中寻租,损坏社会福利,为了限制政府的这种行为,只有对其进行分权,通过各级政府间的竞争来实现约束效力。Qian和Weingast(1997)指出传统的分权理论没能考虑分权带来的问题,利用公共选择理论和委托代理理论,研究地方政府在提供公共品和服务时,应当将政府官员自身激励问题考虑在内,如果缺乏对地方政府官员的约束,官员则会为了自身利益而可能出现寻租行为。Weingast（1995）发现财政联邦主义对英国和美国经济发展起到促进作用，提出了"市场保护型"的财政联邦主义。此后 Qian 和 Roland（1998）通过模型的构建证实了类似结论，在市场保护型的财政联邦主义体制下，跨地区政府间的资源流动提升了机会成本，造成资源浪费。这种情形通常来源于效率相对较低的地区，因此，财政联邦主义有助于防止预算软约束，改变了地方官员的激励。

第一代财政分权理论演进到第二代财政分权理论，可以看出是理论的重心从地方政府合理提供公共品的视野，转变为财政分权激励地方政府推动转型和经济增长。已有一些公共经济学家诸如 Oates（2005）和 Weingast（2006），对财政分权的研究进行了整理和总结，发现第一代财政分权理论大多是规范性研究，侧重研究的对象和内容，假设政府是仁慈的，其目标是社会福利最大化（Musgrave，1959；Oates，1972；Rubinfeld，1987）。而第二代财政分权理论则侧重的是研究的方法和视角，强调官员的激励作用，政府并不是全然为社会福利最大化，而是有了自利动机（Brennan and Buchanan，1980；Qian and Weingast，1997；Garzarelli，2004；Oates，2005）。财政分权激励地方政府转型是第二代财政分权理论研究的制度背景，这一背景中涉及的财政、经济、政治及市场环境等因素都是第一代财政分权理论看不到的，或者是假定都是完善的，没有考虑到这些问题。第一代财政分权理论研究地方政府间的财政关系，强调转移支付体制的重要性，认为其可以缓解财政分权下的横向和纵向财政失衡。而第二代财政分权侧重的是政府激励，地方政府发现经济增长能够带来更多的税收，则地方政府向增长型转变的激励就会增强，进一步使地方政府提供公共品，促成私人资本回报率的提高，增加了税基。第一代与第二代财政分权理论从研究对象和内容及方法与视角上的转变，拓宽了研究范畴，将公共经济学引入了更加多维丰富的领域。

（二）财政分权的相关实证研究

在财政分权实施的过程和结果中发现，财政分权可能对经济、政治和社会等其他诸多方面产生影响。例如财政分权可能会影响经济增长，财政分权同政府之间的关系，包括腐败、政府规模等。下面对相关的实证研究做简要综述。

1. 财政分权对经济增长的影响

早期对财政分权与经济增长之间关系的研究较少，比较少的文献通过效率、宏观经济稳定、公平对财政分权和经济增长之间关系进行建模分析（Martinez-Vasquez and McNab，2003），而关于多大程度的分权化水平对应怎样的经济发展水平的研究较多。涌现出许多衡量财政分权程度的文献，例如地方政府的收入或支出占中央政府财政的比例，通常与经济发展水平（通常用人均收入来衡量）成正相关（Musgrave，1959；Oates，1972；Pommerehne，1977；Kee，1977；Bahl and Nath，1986；Wasylenko，1987；Panizza，1999）。提出关于公共财政的政府三大目标，即有效配置、收入再分配和经济稳定，财政分权对于经济增长的影响则通过这三个因素实现。Oates（1993）认为不应该单一地解释财政分权与经济发展之间的关系，即财政分权程度越高（越低）导致经济发展越快（越慢）。近期对于财政分权与经济增长关系的研究文献不少，却未得出一致的结论。

有的学者认为财政分权能够促进经济的增长。Xie 等（1999）通过建立最优经济增长模型实证分析了美国财政分权与经济增长的关系，发现美国当时的财政分权程度符合经济发展的需要，能够促进经济增长。类似的，Akai 等（2007）利用美国的数据同样证实了该假说。Thiessen（2000，2003）和 Eller（2004）研究证实了财政分权的中间程度假说在 OECD 国家是可行的。Desai 等（2003）

研究发现苏联解体后,财政分权对俄罗斯的经济恢复具有积极作用。在中国,Ma(1997)用平均留成比例作为衡量财政分权的指标标准,研究分析了财政分权与中国经济增长的关系,发现财政分权能够促进中国经济增长。Lin和Liu(2000)则利用1970~1993年中国省级面板数据分析了财政分权对人均GDP的影响,研究发现财政分权提高了经济效益,能够促进经济的增长。张晏和龚六堂(2006)研究发现,无论是在东部还是在中、西部地区,财政分权都能改善中国经济增长。温娇秀(2006)则利用1980~2004年中国省级面板数据对中国财政分权与经济增长的关系进行研究,采用随机效应回归方法,实证研究了不同阶段财政分权对经济增长的影响,发现总体上财政分权促进了经济增长,且经济增长存在显著的区域差异。分税制改革后,地方政府面临着两方面的压力,一方面是硬化了地方政府的预算约束,从而使财政支出压力增大;另一方面是各地方政府间"非进即退"的竞争压力,地方政府在面对压力的情况下,不得不通过扩宽收支途径,介入地区经济发展,因此各地呈现出以地方政府为主导的转型经济模式(王文剑和覃成林,2007)。周业安和章泉(2008)利用1986~2004年中国省级面板数据发现财政分权对中国经济的增长确实有促进作用,但同时发现财政分权也是引起经济波动的重要原因。范子英和张军(2009)发现财政分权能够促进中国经济增长,但政治激励的单一性及经济激励的有偏性,导致产生负面的产出。王韬和沈伟(2009)对中、印财政分权与经济增长的关系进行了实证研究,结果表明,20世纪90年代末至今,中国的财政支出分权促进了经济增长,而财政收入分权则阻碍了经济增长,印度的财政收入及支出分权均对经济增长有正面影响。此外,Oates(1995),Huther和Shah(1998),Yilmaz(1999),林毅夫和刘志强(2000),Ulrich Thieben(2001),乔宝云(2002),张晏(2005),Iimi(2005)以及Ding(2007)

等均发现财政分权与经济增长之间呈正相关。

有的学者则认为财政分权会阻碍经济的增长。Davoodi 和 Zou（1998）研究发现，发展中国家财政分权与经济增长的关系是负向的，而在发达国家则不存在。类似的，Woller 和 Phillips（1998）也发现在发展中国家二者呈负向关系。Zhang 和 Zou（1998）考察了中国的情况，采用 1978~1992 年的数据实证检验了中国财政分权与经济增长之间的内在关系，结果表明二者呈现负相关关系，发现 20 世纪 80 年代的财政改革并没有带来经济的增长。沈伟（2008）借助 1982~2005 年中国省级面板数据分析了分税制改革前后财政分权与经济增长的关系，结果均显示财政分权对经济增长的关系显著为负。Carrioni-Silvestre 等（2008）发现财政分权对经济增长没有影响，同时发现在西班牙呈现出显著的负相关。Li 等（2009）的实证研究结果也认为财政分权并不是导致中国经济高速增长的原因。

2. 财政分权对政府规模的影响

财政分权对政府规模的影响的研究最初是以 Brennan 和 Buchanan 在 1980 年提出的利维坦假说为起点，他们认为，政府是为了追求经济利益最大化，从而追求自身的权力与规模，而财政分权将刺激地方政府间展开财税竞争，起到有效遏制政府规模扩张的作用。随后许多学者试图检验利维坦假说，但也没有一致的结论。

Oates（1985）先后利用美国和跨国的截面数据对财政分权和政府规模之间的关系进行探究，得出的结论表明二者的关系不是显著确定的。Marlow（1988）则利用美国的时间序列数据对财政分权与政府规模之间的关系进行实证研究，他用政府总支出占 GNP 的比例来衡量政府规模，用财政分权和其他两个控制变量对其进行回归，结果与 Oates（1985）的结果不同，财政分权同政府规模的关系是负向的。Grossman（1989）发现财政分权确实使美国的政府规模减小，但转移支付也使政府数量增多。Jin 和 Zou（2002）利用 32 个工业发展中国家的面板数据得到类似的结论，他们发现财政支出分权导致政府规模增大，而财政收入分权则相反。总体而言，他们的研究结论支持了利维坦假说中财政收入分权的部分，而拒绝了支出分权的结论。Stein（1998）对南美国家进行了研究，发现分权导致政府规模的增大。近期对于财政分权与政府规模的研究范围在扩展，Rodden（2003）研究转移支付对于财政分权与政府规模的影响，同时还考虑了许多政治和制度因素，他发现财政分权使政府规模减小，但是政府规模会因为地方政府的转移支付而迅速扩大。Neyapti（2010）研究了财政分权与公共借款之间的关系，发现财政分权能够减少赤字，这与 De Mello（2000）的研究结论相反。孙群力（2009）考察了中国的情况，利用 1978～2004 年全国 28 个省市的省级面板数据，实证分析了财政分权对中央及地方政府规模的影响，研究发现，财政分权与地方政府规模呈正相关。

3. 财政分权与政府腐败的关系

还有一些研究对财政分权与政府腐败之间的关系进行了探索，Huther 和 Shah（1998）通过实证分析得出，财政分权能够改善地方政府的腐败行为。Fisman 和 Gatti（2002）发现收入和支出的分权能够减少腐败。Arikan（2004）也用模型说明了财政分权能够减少腐败行为，并且检验得出，财政分权程度与腐败现象成反相关。Enikolopov 和 Zhuravskaya（2007）发现当财政分权同国家政党结合起来时，政府治理指标能够得到改善。Kyria 和 Roca-Sagales（2011）发现 OECD 国家的财政分权对政府质量有正面的影响，尽管存在地区选举和多级政府将影响减弱。

相反，Tanzi（2000）认为地方政府比中央政府更容易发生腐败行为，管理水平也不及中央政府。Treisman（2002）发现任何腐败和财政分权相关的控制变量都非常敏感。并且 Dreher（2006）发现在低收入国家,财政分权同一些关键治理指标的改善是一致的。黄君洁(2006)实证分析了中国的情形,研究发现财政分权程度越高,政府官员的腐败问题越严重。吴一平(2008)采用中国省级面板数据实证检验了财政分权对腐败的影响,研究发现,无论采取何种分权指标,结果均表明财政分权与腐败存在显著的正相关,财政分权恶化了腐败问题。

(三) 财政分权对公共品及公共服务的影响

公共品及公共服务具有外部性的特征,因此需要由政府来提供,财政分权的出发点即提高公共品的供给效率,使公共品更能满足当地居民的需要(Tiebout,1956;Oates,1972),这也是财政分权理论的源头。

传统的财政分权理论植根于政治上的联邦主义,认为分权提供的公共品和公共服务更具优势,通常认为在"用手投票"和"用脚投票"双重机制的共同作用下,能够有效提高公共品及公共服务的供给效率,保障诸如教育、卫生、医疗等方面的社会福利水平。如前文所述,Tiebout提出的"用脚投票",假设有大量的地方政府且各地方政府的税收体制相同,各地无利益外溢,人口流动自由等,各地居民可以根据自身的偏好,自由选择相应的税收和公共服务组合,从而选择居住地,使各地方政府不得不提高公共品和公共服务的效率。"用手投票"是由Oates提出,他认为居民可以根据自身偏好通过投票的方式显示出来,若居民不能根据公共品及公共服务而自由流动,则地方政府为了获取政治选票也会努力提高公共品及公共服务的效率。加之分权下的地方政府竞争也促使地方提高公共品及服务的效率。财政分权让地方政府拥有了对资源配置的优势权(Dethier,1999;Bardhan,2002),地方政府在提供公共品时,比中央政府更加了解地方信息,对于人员调配、实施过程,都能更好地配给,从而改善公共品和服务的效果(Collins and Green,

1994；Robalino et al.，2001）。Dethier（1999）提出财政分权能够使地方政府得到居民的监督，从而使决策结果更加合理。Besley 等（2003）从政治经济学的视角，证明了财政分权能够提高公共品供给。此后，也有大量学者通过实证证明了财政分权有利于提高公共品和公共服务的效率。Simone 考察了巴西的财政竞争与公共品供给的关系，发现财政竞争对教育并没有明显的负面影响。Zhuravskaya（2000）指出财政分权给俄罗斯带来了教育、卫生等公共投入的增加，Faguet（2004）利用玻利维亚的数据研究发现，分权有助于提高人力资本和社会服务的公共投资。西方国家的财政分权与地方政府之间的竞争对提高公共品支出水平有着正面的影响，美国及部分发展中国家的经验证明了这一结论（Habibi et al.，2001）。

在实践中，大多数发展中国家的表现却并不尽如人意，财政分权对地方政府提供公共品和公共服务产生了负面的作用。地方政府为了吸引资本流入，竞相降低税率（Zodrow and Mieszkowdki, 1986），使地方政府供给公共品偏离最优水平。Triesman（2000）发现在发展中国家，地方政府提供公共品时会考虑收入分配及反贫困等因素，从而不能很好地发挥效率原则。Dmurger（2001）认为财政分权导致地方政府将资金倾斜到生产性投资领域，从而忽视了公共品领域的建设。Bardhan（2002）认为地方政府和中央政府在管理水平、人员素质等方面存在差距，分权可能造成公共品和服务供给效率下降。Cai et al.（2005）提出当地方在初始禀赋差距过大的情况下，落后地区容易放弃努力，使地区间分化程度加剧。

在中国，财政分权是否起到提高公共品及公共服务供给效率的作用呢？West and Wong（1995）发现中国的财政分权导致在教育、卫生方面的财政支出减少，贫困地区更为凸显，从而使当地福利状况受损。周黎安（2004，2007）指出分权下中国各地方政府在GDP 考核机制下热衷于招商引资来推动地方经济的增长，从而忽视了教育、卫生等方面。Zhang（2003）和 Hoffman（2004）指出分权后，中国的教育等公共品的整体效率水平都较低。黄佩华和迪帕克（2003）认为财政政策没能有效发挥作用，即未能有效为公共卫生筹资及补偿，是造成公共卫生被削弱的主要原因之一。平新乔、白洁（2006）考察了财政分权背景下，财政激励对地方公共品供给满足当地真实需要的敏感度的影响，也指出了中国的财政分权仍然存在的一些问题。一是规模巨大的预算外收入会扩大地方政府的规模，从而加重当地居民和农民负担，二是地方政府预算外支出的规模效应递减，三是城市化水平和地方政府对城市维护方面的支出负相关。张恒龙、陈宪（2007）通过对各省份外商直接投资与公共支出项目的相关性分析中发现，地方政府更愿意配置公共资源于基础设施项目用于改善投资环境，从而挤占了卫生、医疗、交通等公共服务支出。张军等（2007）运用经验数据证实了财政分权对诸如基础设施等公共品有促进作用。傅勇（2010）实证分析了财政分权对非经济性公共品的影响，研究结果表明财政分权与非经济性公共品呈负相关。相关文献得出的结论是，财政分权对于经济性公共品或者说是"硬"公共品有着促进作用，而对于非经济性公共品或者说是"软"公共品有着阻碍作用。

从以上分析可以看出，近期国内外学者对财政分权的相关实证研究硕果累累，大多从财政分权与经济增长、政府规模及治理、公共品及公共服务等关系的角度进行研究。财政分权与公共品提供效率理论研究及实证分析还不够丰富，作为财政分权理论的源头和核心内容，无疑是对财政分权与公共品这两大理论研究的欠缺。在中国，大多数研究认为财政分权对公共品及公共服务效率的提高起到消极作用，指出了财政分权在中国存在的一些问题，在实证分析中对于财政分权的指标的选择大体分为两类，即财政收入类指标及财政支出类指标。在研究中对于财政分权指标的选取也众说不一，但单一的指标往往又不能全面描述财政分权的真实水平，因此，选用财政分权的指标用于研究其对于公共品及公共服务的影响一直没有很好的解决办法。

二 财政分权与地方政府行为

财政分权将预算责任等财政权力分割给各地方政府，地方政府成为独立的利益主体存在于组织中，形成了一种平行组织结构。分权为地方政府提供了财政激励，从而推动经济的增长与转型，规范了政府行为，提高了政府治理水平，与此同时，地方政府为了争夺有限的资源而展开激烈的竞争，表现为中央政府与地方政府之间的纵向竞争和地方政府间的横向竞争。Albert（1996）则认为联邦制国家中政府之间的竞争还包括政府内部部门之间的竞争。本节首先综述了财政分权下地方政府行为的表现特征，其次结合了中国的情况，讨论了中国式分权下地方政府的行为特征。

（一）财政分权下地方政府的行为特征

一方面，许多学者研究表明财政分权可以规范政府行为，提高政府治理水平，改善政府运行效率。财政分权使地方政府拥有了更多的税收、转移支付等财政权力，能够根据地方的偏好提供符合地方居民需求的公共品和公共服务以及制定优惠的税率等，在"用脚投票"的机制作用下，居民可以根据自身偏好自由选择最优的居住地，实现帕累托最优，即传统的财政分权理论所揭示的。Weingast（1995）和 Montinola et al.（1995）认为财政分权意味着经济代理人有能力离开腐败的地方，从而使政府行为得到规范。Inman and Rubinfeld（1997）及 de Mello（2000）认为财政分权加强了社会资本，加深了政治参与程度。Seabright（1996）和 Tabellini（2000）做了案例研究，发现能够通过地方政府官员的行为对其进行有效的奖惩。World Bank（2004）表明权威中心的竞争结果降低了政府没收财富的风险。Besley and Case（1995）、Baicker（2005）及 Martinez-Vazquezand and McNab（2003）发现选民在进行选择时会参考其他地方政府的行为来评价本地政府的行为，同时政府会根据选民以其他地方政府为标尺而效仿和改善本地区的政策，在此过程中，地方政府提高了运作效率。

另一方面，地方政府容易受地方经济利益的影响（Prud'homme, 1995; Tanzi, 1996; Bardhan and Mookherjee, 2000），财政分权使地方政府为争夺资本陷入竞争之中，地方政府公共支出结构扭曲，导致提供公共品或公共服务的效率下降，对社会总福利会产生负面的影响（Zodrow and Mieszkowski, 1986; Wildasin, 1989; Wilson, 1991; Keen and Marchand, 1997）。较为典型的是地方政府间的税收竞争，为了争夺资本，地方政府竞相降低税率，由于未考虑低税率的外部性，决策最终使地方福利受损。类似的，地方政府为了招商引资，吸纳外部资本，纷纷投入资源改善投资环境等，在地方财政收入既定的情况下，对投资环境等的改善必定挤占了其他公共品及服务的投入，也给地方福利带来负面影响。Prud'homme（1995）和 Tabellini（2000）进一步研究发现地方政府行为没有中央政府行为的指导性强，从而产生不良影响。World Bank（1999），Fukasaku and de Mello（1999）认为如果支出和收入的流动功能不能清晰地在不同层级的政府间分配，财政分权可能导致弱的问责制和政府治理。

（二）中国式分权下地方政府的行为特征

与西方发达的市场经济国家财政分权不同，如美国、俄罗斯等，财政分权伴随着的是政治上的联邦主义，政府竞争对上级负责，而中国的地方政府间竞争面临着经济上和政治上的双重激励，中国式的财政体制表现为经济上的分权与政治上的垂直管理体制。

经济上的分权激励了地方政府在竞争过程中改善政府治理，提高资源配置效率，追求经济的发展。中国自 20 世纪 80 年代的财政体制改革到 1994 年的分税制改革大大提高了政府配置公共资源的效率，促使了地方政府发展经济，称改革开放以来形成了"市场保护型的财政联邦主义"，为中国高速的经济发展奠定了基础，推进了改革进程（Qian and Weingast, 1996, 1997）。Qian and Roland（1998）通过构建软预算约束模型，证明了类似结论。Qian and Xu（2000）从组织结构形式的角度出发，认为中国 M 型的层级结构有利于加强中央政府对地方政府官员的约束力。他们一系列的研究表明，财政分权导致地方政府间的竞争可以有效阻止政府无效率的行为，从而避免地方政府预算软约束。Shleifer（1997）和 Zhuravaskaya（2000）认为中国实现经济繁荣的关键是财政分权对地方政府的财政激励。寇丹（2011）运用马克斯·韦伯的官僚制理论框架分析地方政府行为，研究认为在理性官僚的激励和约束下，地方政府竞争能够有效改善政府治理。

与经济上分权始终伴随着的是政治上的垂直管理体制，在垂直的政治管制之下，其政府竞争对上级负责，形成一种基于上级政府评价的"自上而下的标尺竞争"（张晏等，2005；王永钦等，2006）。财政分权作为改革的结果，导致地方政府横向财政竞争及与中央的纵向财政不均等（张恒龙、康艺凡，2007）。Berkowitz 和 Li（2000）研究发现，中国地方政府关于税权的界定较俄罗斯的地方政府更为明确，从而以此来解释两个国家的经济绩效之间的差异。Blanchard and Shleifer（2001）进一步研究了俄罗斯的情况，发现俄罗斯的中央政府对地方政府缺乏控制力，地方政府推动经济发展的动力不足；这与中国情况不同，中国的中央政府对地方政府采用的以 GDP 为主要政绩考核及奖惩制度，中央政府始终掌握着对地方官员考核和晋升的权力，使地方政府始终追随着中央政府的政策意向。将中央政府和地方政府看成一个政治市场，地方政府官员则是中央政府的雇员，受其雇用，若地方政府官员在竞争中出局或被解雇，则在政治市场中难以翻身，即难以寻找到其他政治机会，从这一角度出发，则不难理解中央政府为何具有如此之大的控制力。分税制改革后，地方政府受到预算约束硬化和其他地方政府竞争两方面的压力，"非进则退"使地方政府有很强的行为激励，纷纷陷入"为增长而竞争"（张军，2005）。刘小勇（2009）认为地方政府在垂直的政治管理体制下有利于促进竞争而不利于合作，容易出现道德风险及逆向选择问题。刘瑞明、白永秀（2010）在综合已有文献的基础上，构建了晋升激励与经济发展的框架，分析表明晋升激励是导致中国经济增长的主要原因，同时也产生了高昂的代价。

Qian（2005）认为GDP可以充分显示经济福利。将GDP视为考核地方政府官员的标准不会造成地方政府行为扭曲。周黎安（2004）称这种以GDP为主的政绩考核晋升制度实际上是一种"锦标赛式"的"零和博弈"，Li and Zhou（2005）也进一步通过实证证实了这一以经济增长绩效的指标为标准对官员进行考核和提拔，且在绩效考核时采用相对绩效评估的方式消除评估误差，加深激励程度。乔宝云等（2005）指出资本对于地方政府发展经济有着强烈的吸引力，为了吸引资本流入，地方政府改善基础设施建设，推动地区经济快速发展，而基础设施的发展是政绩考核的一个有效指标，从而满足了官员的需要（张军等，2007）。但在实践中，将GDP视为衡量地方政府政绩考核的标准而产生的负面影响及地方政府行为扭曲的事实也是不容忽视的，例如地方保护主义、重复建设造成资源浪费及无序和恶性竞争等（沈立人、戴园晨，1990；Yin，2003）。地方政府行为的评估是多维度的，若利用单一的标准对其进行衡量，势必出现偏差。周黎安（2004）借助博弈模型讨论了在晋升机制下政府官员的激励和合作行为关系，发现政府官员有为自身利益而去损害其他地方利益的激励，双赢的局面不易产生，而容易导致恶性竞争。同时，为了吸引国外资本，地方政府将土地等国有资产低价出租给国际资本，甚至不惜以环境为代价，接受国外产业转移（魏凤春，2005）。

三 地方政府行为与公共教育供给

公共教育作为一种公共品或公共服务，对地方福利保障起着重要作用。传统的观点认为分权被看成改善公共教育效率和质量的重要工具，地方政府可以更好地了解当地居民对于公共服务需求的偏好，地方政府之间的竞争可以提高供给公共品和公共服务的效率（如Tiebout，Hayek and Oates），这也是构成支持财政分权的最早论述。随着财政分权理论在公共教育及公共领域实践中的发展，近十几年来，出现了与传统观点不一样的声音。本节首先论述公共教育的属性，在此基础上综述地方政府对公共教育供给的影响，最后重点探讨在中国的情况。

（一）公共教育的属性

教育是私人物品还是公共品？关于教育的属性，因其不同类型、不同层次、受益范围和内容的差别，国内外的学者们始终存在较大的争议。在国外的学者中，如阿特金森和斯蒂格利茨均认为教育是私人物品，他们认为至少在大的学区，增加一个学生的边际成本大致与其平均成本相等。类似的，Barr（1998）认为教育不是公共品，教育能够产生多样化的外部效益，如生产和文化效益等，这些都是不容忽视的，但这些效益难以测量。也有学者认为教育是纯粹的公共品，如巴罗（1970）认为教育是纯粹的公共品，他以美国密执根为例，对教育水平进行案例分析，比较了教育的实际水平和最优水平，发现密执根的实际教育供给数量没能达到最优水平。

国内的学者对教育属性的研究也有一番争论。关于基础教育的属性问题，一些学者认为基础教育是公共品，作为公民的一项基本权利，基础教育起到提高全民族文化素质和提高整体福利的作用，对社会发展具有深远的意义，是具有正的外部性的一项公共服务，因此认为是典型的纯公共品。例如厉以宁（1999）认为中国目前情况下的义务教育相当于基础教育，具有的是纯公共品的性质，由政府提供，接受义务教育的消费者通过纳税等途径支付费用。王善迈（2004）也认为义务教育具有公共品属性，在一定意义上属于公共品，通常应该由政府提供。也有学者认为基础教育属于准公共品范畴，刘泽云、袁连生（2006）认为其兼有公共品和私人物品的特征，具有部分非竞争性和部分非排他性。关于高等教育的属性特征，大多数学者的认识较为一致，认为其属于准公共品，尤其在当前高等教育收费制度下，使其具有排他性。例如张菀洺（2009）认为其具有私人收益特征，并且兼具外部性特性，属于准公共品，高等教育能够使个人在社会上获得收益，形成人力资本，因此具备私人收益的特性。王欣双（2011）认为高等教育由于其容量较小及技术上排他可行，是具有竞争性和排他性较强的准公共品。

根据公共品理论，非竞争性和非排他性是公共品的两大特征，也是判定和衡量一种产品是公共品还是私人物品的标准。具有非竞争性和非排他性的纯粹的公共品在现实中是不多见的。在实际经济生活中更多的是介于两者之间，处于中间状态的混合产品，或者称为准公共品。这类物品兼有公共品和私人物品的特性，一方面在消费和占有上表现为竞争性，可以被个别消费者占有，享受其使用价值；另一方面在效益或成本上具有外溢性，对其他消费者产生利益或造成损害。教育在"生产"上不具备纯公共品的特性，随着学生数的增加，相应的需要配备更多的教师、校舍等，其成本也相应增加，而在达到一定规模后，表现成本不变的特征，教育又因其对社会的传播性，效益远大于受教育个人，因此在"消费"上具备公共品的一些特点，郑秉文（2002）据此认为教育既不是纯公共品，也非私人物品，而是优效型的公共品或准公共品。曹淑江（2004）认为不同阶段的教育属性是不相同的，教育是一种混合产品，义务教育更加接近公共品属性，而高等教育则更接近私人物品范畴，并且强调教育消费是学生未来在工作中发挥教育优势，形成人力资本的过程，而非接受教育的过程。王欣双（2011）则认为教育消费的过程或教育的过程即是学校提供教育、学生接受教育的过程，而工作中表现出来的员工素质的差距主要是教育的作用，体现的是人力资本的供求关系。并认为从直接消费的角度出发，教育属于私人物品属性，教育服务水平会随着学生数的增加而降低，从技术上而言，学校也能够将消费者排除在学校外，具有竞争性和排他性特征，而从间接消费的角度看，教育则属于准公共品范畴，教育带来的效益，使全体社会成员均可受益，而从整个社会出发，增加一个消费者的成本可以忽略不计，因此具有部分的非竞争性和非排他性。

综合上述分析可以看出，教育一方面具有非竞争、非排他特征，在一定条件下，增加接受教育者不会影响和排斥其他人接受同等水平的教育服务，而教育带来的社会效益也可由全体社会成员共享，即增加一单位消费者的边际成本为零，且无法排斥其他收益；另一方面，教育也具有一定的竞争、排他特征，当接受教育者超过一定限度，会带来拥挤成本，导致受教育者接受教育服务质量下降，同时提供教育服务的边际成本也大于零，此时产生竞争性，与此同时，在接受教育的机会有限的条件下，增加一部分人接受教育必定会减少其他人的受教育机会，且接受教育者今后通过知识和技能获取的个人利益也是排他的。

（二）地方政府行为对公共教育供给的影响

在研究公共教育供给的已有文献中，多数从财政分权的角度分析对公共教育供给的影响，而对于深层次分析分权背景下地方政府行为对公共教育供给的研究则并不多。本节首先综述财政分权对公共教育供给的影响，进而详细评述财政分权下地方政府行为取向对于公共教育供给的影响，并深入剖析其原因。

已有的研究表明在大多数发展中国家，财政分权非但没能提高公共品或公共服务的供给效率，反而起着负面影响。接下来着重讨论在中国的情况。国内外许多学者研究发现，中国财政分权给公共教育带来了负面影响。傅勇、张晏（2007）通过实证研究，发现中国的财政分权促进了基础设施建设，而对于教育的支出则产生不利影响。贾智莲、卢洪友（2010）从最终有效产出角度出发，利用消费者所获取最终有效公共服务的改善为度量，借助动态因子分析方法对中国省级地方政府2001~2006年教育及民生类公共品供给做出了综合评价，并尝试从地区间资源禀赋和制度环境及经济发展水平、人口规模、财政分权等政府自身主观因素方面来解释地区间教育及民生类公共品供给的差异。研究发现，财政分权与政府偏好没能增进地方政府对教育及民生类公共品供给的有效水平，财政转移支付、经济开放度和人口密度对教育及民生类公共品有着负向影响。邹俊伟等（2010）利用省际面板数据，实证分析了财政分权及转移支付对地方政府教育努力程度的影响，同时，在理论上探讨了财政分权下，地方政府在提供教育等公共服务及基本福利方面的行为机理。研究发现，当前财政分权和转移支付政策对地方政府教育投入努力程度呈负向影响，还发现2001年实行的农村税费改革政策对地方政府教育投入努力程度呈正向影响，基于研究分析的结果，提出了地方政府财政政策改革的总体思路。林江等（2011）从义务教育切入，利用1978~2008年的省际面板数据，实证分析了在财政分权和晋升激励情形下地方政府义务教育供给的情况，并且将义务教育水平加入经济增长模型中，实证分析了义务教育对于经济增长的作用，研究结果显示，财政分权对地方政府义务教育供给起负向作用，在给定财政资金有限的情况下，地方政府扩大义务教育供给会滞后经济发展水平，二者是顾此失彼的关系。劳动的流动性小于资本，而资本的拥有者通常会选择投资收效快的领域，通常不是教育领域，各地方政府为了获取资本流入，则使公共支出导向偏离教育领域，多投资于基础设施建设等。李祥云、魏萍（2014）利用2001~2010年中国31个省份的面板数据，分析了财政分权与城乡中小学布局的关系，发现财政分权越高，中小学合并力度则越大，学校布局扭曲，不利于中小学教育的发展。

也有学者持相反观点。刘长生等（2008）在对财政分权下中国公共服务提供效率进行理论分析的基础上，基于省级面板数据对财政分权与义务教育提供效率进行了实证分析，研究结果表明，财政分权有利于中国义务教育提供效率的提高，但在区域之间存在较大差异。同时，发现财政分权对中国义务教育产生了"性别效应"。

中国财政分权实践给公共教育等公共领域带来的负面影响值得反思。大量研究证明了Tiebout提出的"用脚投票"和Oates提出的"用手投票"机制在西方国家的财政分权中发挥着提高公共品和公共服务效率的作用，而在以中央和上级委任制框架基础上的中国财政分权制度却在一定程度上制约了地方政府对居民需求的重视（乔宝云等，2005；刘长生等，2008；叶翠娟，2010等）。

具体看来，首先，"用脚投票"机制是建立在一系列严格的假设条件下的，例如人口自由流动、有大量地方政府且各地方政府的税收体制相同，各地无利益外溢等，地方居民则可以根据自身的偏好选择相应的公共品或公共服务和税负组合，选择最合适的地方居住，因此促使地方政府提高供给公共品和公共服务的效率。若假设条件不满足，则"用脚投票"机制则不能有效发挥作用。在中国则因为人口流动受限使"用脚投票"失灵，尽管当前打工潮形成大规模人口流动，但事实上绝大多数并没有更改户籍，尤其是专业技能低的农村劳动力，他们在城市务工居住却不能享有城镇居民同样的公共教育、医疗卫生等公共品或公共服务。因此，"用脚投票"机制在中国一定程度上受到限制，影响了地方政府提供公共品或公共服务的效率。其次，"用手投票"机制是指居民可以通过投票的方式来显示自身偏好，若居民自由流动受限，不能根据自身偏好用脚来选择相应的公共品和税负组合，他们可以用手投票来表达偏好，地方政府为了获取选民的政治选票，也会努力提高公共品或公共服务的供给效率。改革开放以来，中国民主选举制度已取得较好的成效，各级人民代表大会绝大多数情况下能够反映地方人民的心声，履行法律赋予的权利和义务，真实有效地表达居民的偏好。但是，现有的人民代表大会选举从组织结构、机制运行到人员职能上还存在有待进一步完善的地方，与社会主义民主还存在一定的差距，在社会实践中影响了地方公共品或公共服务的供给。因此，"用手投票"机制是否得以有效运行，关乎地方政府供给公共品或公共服务的效率。

政府干预教育可追溯到20世纪初美国公立学校运动，世界各国开始将教育这一原本属于私人领域的活动纳入政府管理的范围之内。Marshall（1938）在他的《经济学原理》一书中讨论了地方政府行为与公共教育之间的关系，指出为完善基础教育而设立的高税收，会排斥富人而吸引低收入阶层。随着地方政府财政竞争理论在公共教育及公共领域实践中的发展，近十几年来，出现了与传统观点不一样的声音，分权下地方政府的竞争不一定能够使公共服务达到最优供给水平。

Keen and Marchard（1997）分析了财政竞争和地方政府财政支出构成的关系，发现财政竞争促使地方政府将财政支出偏向于生产性的公共项目，而忽视了消费性的公共项目，导致投入不足。Mauro（1998）进一步研究表明，上述两类支出可以给政府官员带来不同的租金，从而促使政府财政支出结构的不同组成。对教育进行合理干预，包括配置教育资源、分配教育权利及机会成为政府的重要职能活动。如何为教育事业筹集更为广泛的资源并且高效地使用这些资源成为人们关注的焦点（王善迈，1989；闵维方，2003）。West and Wong（1995）实证研究了中国财政分权下政府竞争导致卫生和教育的公共支出减少，损坏了当地居民的福利状况。乔宝云等（2005）以小学义务教育为对象，验证了地区间的财政竞争对社会福利的影响，研究还发现，财政分权对各个地区的影响不一，其中对富裕地区的影响是推动作用，而最贫困地区的影响则是抑制作用。王爱民（2009）分析了财政分权下政府行为的两种表现形式——地方政府竞争与政府治理对公共教育支出的影响，通过分析得出，地方政府竞争对公共教育支出产生负向影响，而政府治理则对公共教育支出产生正向影响。随后，傅勇（2010）利用1995~2008年省级面板数据进一步研究在分权背景下，财政体制和政府治理对非经济性公共品供给的影响，研究发现，财政分权显著降低了基础教育的质量，并且对城市公用设施的供给也存在负面影响，除此之外，分权体制下地方政府规模灵活调整的优势未能发挥，加大反腐败力度能改善基础教育质量，却减少了城市公用设施的供给，表明在公共部门存在寻租空间，研究还表明，中央政府的转移支付对非经济性公共品的供给有促进作用，基础教育存在明显的规模经济效应，这论证了中央财政对公共部门的调控具有显著的作用。

研究大多表明地方政府间的竞争对公共教育带来负面的影响，

中国地方政府之间竞争的重要来源是相对独立化的经济利益，在中国单一制的政治体制下，地方政府单方向对上级负责，地方政府间的竞争更多的是为了政绩考核的需要，而忽视了地方公共教育等公共服务的发展。

究其原因，一是中国特殊的官员晋升激励机制对地方政府行为及公共教育产生了影响。在中国现行的官员考核体制和财政分权制度安排下，以GDP为政绩考核主要标准的晋升机制促使官员热衷于经济增长，在政府事务排序中，教育往往不是优先考虑的事项（高春，2006）。中国官员激励晋升机制将地方经济发展同地方政府官员直接挂钩，下级政府为了提升政绩会不断追逐经济发展目标，例如GDP的增长。事实上，这一机制确实加快了经济增长。Li and Zhou（2005）对地方政府官员的晋升与GDP增长之间的关系进行了研究，利用1979~1995年全国省级面板数据验证了经济绩效与中国地方政府官员晋升存在正向关系。周黎安（2007）研究得出类似的结论。在财政分权体制下，地方政府单方向对上级负责，以GDP为主要目标进行竞争，缺乏地方治理，使政府投入公共教育动力不足（王爱民，2009）。林江等（2011）也认为地方政府在GDP为考核标准的竞争体系下，更愿意投资于基础设施等经济方面的支出，不愿意放弃GDP增长而去扩大义务教育等公共服务开支。中国的财政分权及以GDP为政绩考核标准的机制，造成地方政府公共开支结构扭曲，更加注重基础设施等硬性公共品，忽视了人力资本投资及公共服务（傅勇、张晏，2007；邓可斌、丁菊红，2009等）。

二是理性的地方政府。提供公共品和服务、配置公共资源是政府承担的职能。公共选择学派认为，现代政府的特征是公共官僚体制，不论是民主还是非民主国家，现代政府都是官僚政府，政治制度通常是政府官僚追求自身利益的一种结构性手段（Terry，

1990)。Buchanan(1988)提出公共选择的基本假设,认为在政治市场里的人,例如投票者、纳税人、政府官员等,也同样是自利的、理性的效用最大化者。李美玲(2009)基于公共选择理论论述了政府供给教育的问题,从政府失败论角度出发,发现了政府提供教育的弊端。公共选择理论认为,地方政府官员不会像传统的政治经济学理论所认为的会主动自觉去追求公共利益,而看成理性的经济人,符合自利、理性、效用最大化的经济人假设,在配置资源的决策过程中,不是以对公众的重要程度,而是以自身利益最大化为目标。为了能够获取政绩上的优异表现,政府官员会更加重视经济建设的发展,将有限的资源更多配置在诸如基础设施等方面,以最大化其投资收益,谋求政绩表现,从而忽视了教育等其他方面的发展,使最终结果偏离社会福利最优水平。财政分权从这一角度来看,给了地方政府足够的权威和资源,使其拥有独立的财政决策权,加之教育具有很强的外部性,当地居民可以享受邻区优质的教育,导致地方政府容易出现"搭便车"行为,地方政府追求经济增长的动力更足(叶翠娟,2010)。尤其在发展中国家,地方政府缺乏有效的监督机制,使其更容易为利益所左右,破坏公共品供给。

从已有文献的解读中可以看出,财政分权主要通过两只手——"政治之手"和"经济之手"影响地方政府行为。"政治之手"即利用地方政府官员的晋升激励,强调其作为政治参与人的特征,以 GDP 为政绩考核标准对地方政府官员进行考核,使地方政府纷纷陷入以 GDP 为政绩考核标准的晋升锦标赛中,从而使各地方政府受政治激励去促进地区经济发展;"经济之手"即"市场保护型的财政联邦主义"思想,财政分权使地方政府提高了资源配置的效率,从而有效避免了政府无效率行为,改善了政府治理水平,推动了经济的转型和增长。在两只手共同作用的同时,地方政府行为由于 GDP 政绩考核机制、晋升锦标赛的激励等容易造成扭曲。但缺乏文献对财政分权下地方政府行为与公共教育供给间的内在联系做出系统的理论和实证分析，而对于公共教育供给的衡量，多选择公共教育支出这一绝对数指标，由于中国幅员辽阔，各地区之间的条件差异较大，绝对数指标势必对于结果的衡量不够准确，不能客观有效地反映各地区公共教育供给的实际情况。

第三节　研究意义与方法

一　理论意义

一是利用地方政府行为这一桥梁，将财政分权理论与公共品供给理论有机地结合起来。以公共教育为公共品及公共服务的代表，借助地方政府行为这一纽带，研究财政分权下地方政府行为对公共教育供给关系的影响，力图揭示财政分权是如何使地方政府作用于公共品的供给，并实证验证了财政分权的核心内容，即财政分权下公共品及公共服务供给的效率问题。这是对财政分权及公共品供给理论和实证分析的补充，丰富和深化了该领域的理论研究。国内外关于财政分权理论和公共品理论的文献相当丰富。20 世纪 50 年代，Tiebout（1956）、Musgrave（1959）及 Oates（1972）等人对财政分权这一理论及实践中的重要问题进行了大量规范性研究。有关公共品的研究则最早出现在瑞典财政学者林达尔 1919 年的博士学位论文中，后被萨缪尔森引用并进行较为严格的定义。在 20 世纪 80 年代后，Musgrave，Buchanan 及 Stiglitz 等学者通过对其定义的延伸、分类等诸多方面的深入分析，形成了公共品理论。至今，财政分权理论和公共品理论两大理论相关研究硕果累累。近期，许多国内外学者对财政分权做出大量实证研究，从财政分权与经济增长、政府治理、公共品及公共服务提供效率等的关系角度进行研究。但在中国，有关财政分权与公共品及公共服务提供效率关系这一核心内容的理论研究及实证分析还不够丰富，已有的文献大多集中在财政分权与政府规模、经济增长等相关经济变量的关系上。

二是基于新制度经济学的理论框架，对财政分权下地方政府行为对公共教育供给的内在传导机制进行了深入分析，并构造了理论模型对其加以分析。新制度经济学自20世纪80年代引入中国后，对于分析中国现实问题有很大的帮助，引起众多学者的关注。作为新的理论，新制度经济学已经形成自己的理论体系及分支学派。它在放宽了新古典经济学的一系列假设后，对现实的经济现象更具解释力。运用新制度经济学分析财政分权下中国地方政府的行为符合中国现实情况。改革开放以来，财政体制的改革是政治经济体制改革中最重要的一部分，因制度变革而产生的行为实践与制度应用，使运用新制度经济学分析中国地方政府行为有了良好的契机，拓宽了分析地方政府行为的理论研究。

三是从效率的视角对财政分权下地方政府行为与公共教育供给的关系进行分析，并探析导致公共教育供给无效率的因素，深层次分析二者之间的关系，是对已有研究视角的补充，拓宽了公共教育领域的研究视角。已有的关于公共教育供给的研究，多侧重于对公共教育评价指标体系的设计及理论基础的研究，研究方法也以定性研究居多，研究结果的客观性不强。在实证方面，已有研究对于公共教育供给多用绝对支出数量进行衡量，用于解释公共教育供给的效果存在较多的局限性。本书试图从效率的视角对公共教育供给进行绩效评估，进而分析财政分权下地方政府行为与公共教育供给的关系，使结果更为客观合理。同时，采用系统GMM估计方法对地方政府行为对公共教育供给的影响进行实证分析，以有效地解决动态面板数据模型中的内生性问题，使结果更加科学客观，合理补充相关研究的实证分析。

二　现实意义

21世纪的人类社会是知识经济的时代，全球化趋势使国家之间的竞争愈加激烈。综合国力的竞争归根到底是人力资本的竞争，直接表现为知识和技术的较量。在这场激烈的竞争中，核心竞争力必定是综合素质高、专业技能强的人才。教育是有效开发人力资本及创新先进科技的关键，对社会和个人都有着深远的意义。首先，教育可促进科技进步，提高生产力，从而推动经济的发展。科学技术是第一生产力，发明创造先进的科学技术基于高素质的劳动者，教育与提高劳动者素质和劳动者生产效率有着直接关系。劳动生产率与劳动者的受教育程度密切相关。受过良好教育的劳动者和管理者是发明创造高科技与工艺，以及先进设备的操作、推广和应用等的人力资本保障，同时也能够使管理水平有效提高，使决策更加科学有效。其次，教育可使人与社会和谐统一，促进国民经济良性循环、可持续发展。教育通过提高人口素质，使人们能够客观理性地对待社会中的事物，使人与人之间的关系更为和谐，从而提高社会文明程度，有利于维持社会的安定团结。对教育的投资可以看作生产性投资，教育能有效促进人口与经济良性循环，使国民经济合理有序并和谐发展。最后，教育有利于实现个人的价值，促进个人全方位发展。受教育程度高的人通常具备更多的技能，从而可在人力资本市场上获取更大的价值。教育是个人获取知识、技能，提高修养、竞争能力的有效渠道，能够帮助个人获取相应的发展机会，争取更多的可能。同时，教育也有利于培养下一代，对个人品位和情操及家庭的和谐与发展都有着巨大的现实意义。

公共教育承载着保障公民最大限度地获取教育的职责。开展公共教育能增加全社会的人力资本积累，是现代文明社会的普遍特征。公共教育的正外部性特征在一定程度上可以减小居民收入差距对教育投入的负面效果。现阶段中国公共教育事业已经取得有目共睹的成绩，例如基本全面普及九年义务教育，掀起了职业教育发展的高潮，高等教育发展规模不断扩大，等等。但需要看到，发展的同时伴随着潜在的矛盾，其中教育不公平问题尤为凸显。随着人们民主、公平、权利意识的逐渐增强，教育公平问题已经受到社会各领域的关注。目前，中国正处在工业化加速发展时期，在人力和财力资源既定的情况下，公共教育供给的绩效显得尤为重要。只有充分深入地了解公共教育供给的实际绩效，才能够更好地对其进行有效供给。本书从效率视角分析公共教育供给，能够更加透彻地分析公共教育供给问题，对中国公共教育事业的健康发展有着深远的现实意义。

中国自改革开放以来，财政体制分权化改革一直贯穿财政和经济领域，分权化格局已经形成并且分权化程度已经居世界前列。自20世纪90年代以来，中国地方政府财政支出占总财政支出的比重高达70%左右，和其他国家相比是一个很高的比例（OECD，2006），而在公共服务领域的支出更为突出，其中教育占90%以上（罗伟卿，2010）。一方面，分权式财政体制使地方政府对经济增长颇有兴趣，地方政府为经济增长而竞争使中国经济取得前所未有的发展，缔造了中国奇迹；另一方面，地方政府对经济增长的片面追求导致地方政府行为扭曲，忽视了公共领域的协调发展。在地方政府主体地位确立的情况下，其行为取向对经济增长和公共品供给都有着决定性的影响。因此，在当前中国财政分权体制下分析地方政府行为与公共教育供给之间的关系，对于实现地方政府行为规范化，促进地方政府行为与公共教育供给之间和谐持续发展，提高全体社会的福利都有着现实意义。

三 研究方法

科学的研究方法是实现研究目的的手段。结合研究选题、目的及数据特点，在研究方法上，本书采用了历史分析方法、比较分析方法及实证分析方法，坚持理论和经验并重的研究范式。具体如下。

（一）历史分析方法

本书在财政分权体制下分析地方政府行为与公共教育供给之间的关系，财政体制及公共教育体制的变革过程是进行理论和经验研究的现实背景。因此，本书对中国改革开放以来，财政体制的变迁过程做了回顾与评价，找出变革的根本动因与推动因素，同时，对公共教育体制改革发展进行研究分析。运用发展、变化的观点来分析固有的事物和现象，能够将事物发展的不同阶段加以联系和比较，把握发展变化的特征和来龙去脉，从而揭示其实质。这一对历史的回顾与评价可称为历史分析方法，也为本书进一步分析奠定了现实基础。

（二）比较分析方法

本书将比较分析方法应用于公共教育供给的绩效评价上，对不同地区公共教育供给绩效差异进行比较分析，进而分析财政分权下的地方政府行为对各地区公共教育供给绩效的影响。在测算分析得出影响公共教育无效率的来源后，进一步分析地方政府行为与公共教育的内在关系，比较分析各地区之间的差异，通过对在同一条件下不同经济现象进行比较，分析异同，进而探索出一般规律或特殊性。

（三）实证分析方法

本书采用非参数的数据包络分析法（DEA）对中国公共教育供给状况进行科学的评估，在测算得出公共教育供给效率及导致公共教育供给无效率来源后，进一步利用数据包络分析方法评估无效率来源，较好地处理了多投入多产出的公共部门效率评估问题。在研究地方政府行为与公共教育供给及公共教育供给无效率来源之间的关系时，采用系统 GMM 估计分析方法，且根据研究的对象采用了动态面板数据模型加以经验验证相应结论。在运用非参与参数方法估计的同时，本书对于数据进行描述性统计分析，得出直观的数据结果，便于分析，同时，依据研究目的对所需数据进行了一些处理，如对于缺失的数据采用线性差值法等。

第四节　基本范畴

一　财政分权

财政分权是一个经济学概念，从字面上理解，是指中央政府给予地方政府一定的权力进行自主经济活动的一项制度安排，权力通常指的是税收及支出权力。联邦秘书处（1985）认为财政分权是指将高层政府的决策权或管理公共职能转移到下级政府，是一种权力和权威的转移计划。类似的，Akai and Sakata（2002）认为财政分权从上级政府转移到下级政府的是经济决策权。而 Thiessen（2003）则认为财政分权是从中央政府转移一种财政责任给地方政府，地方政府获得一定的财政收入，同时也要相应安排好财政支出。大多数财政分权的形式表现为预算责任在不同层级之间划分，而真正的分权不仅仅是按地理区域对中央政府进行分权，而且是对其权力进行分割，往往会涉及与公共职能相关的责任和权威，核心是赋予地方政府一定的财政自主权。Bird et al.（1999）认为在分权的过程中，首要的是明确不同层级政府的财政收支责任，只有在明确各个层级政府的财政收支责任的基础上，地方政府才能够有效根据地方居民的真实偏好供给公共品，制定符合实际需要的收支政策，从而实现当地居民的福利水平最大化。

对中国而言，经济上的分权与政治上的垂直管理体制的紧密结合是中国式财政体制的核心内涵（傅勇、张晏，2007）。Qian and Rolan（1998）较早提出"中国式分权"这个概念，他们认为，中国式分权主要指中国财政体制的分散化，这一制度安排防止了预算软约束，加快了中国的经济增长和转型。Nolan（1995）及Blanchard and Shleifer（2001）研究分析了中国和俄罗斯的政治体制情况，都认为导致两个国家出现不同的改革效果的原因是不同的政治体制选择，其中中国选择的是政治集权，而俄罗斯选择的则是民主政治体制，其政治分权程度远大于中国，从而导致了不同的政治激励及经济绩效，中国的分权改革效果较俄罗斯更为突出。中国在垂直政治管理体制下演绎出的财政联邦主义，有时也被称为"向地方分权的权威制度"（许成钢，2008）。本书所指的财政分权，其内涵更加侧重中国分散的财政管理体制和集中的政治体制紧密结合，相互作用而形成的独特的中国式财政分权的背景，这与傅勇（2008）、王守坤和任保平（2009）的结论是一致的。经济上的财政分权与政治管理体制上的集权相配合的模式正是中国独特的政治经济体制的核心，也反映出中国经济改革先行的特点。

二 地方政府行为

为了更加准确地理解地方政府行为，有必要对地方政府职能做出正确的认识。政府职能是依据国家和社会发展的需要而由政府承担的职责和功能，主要包括政治职能和社会管理职能，具体即为维护统治阶级统治及管理社会公共事务，其基本方向和内容都是适应国家的根本需求，随着历史时期的不同及不同的国家形态，政府职能也会相应发生变化。地方政府职能是政府职能在地方的延伸和具体化，它受中央政府职能的影响，同时也能够反作用于中央政府职能。地方政府行为实质上是地方政府职能的特定体现，是地方政府管理社会公共事务，从事公共行政过程中的所有活动的总称，是地方政府行使行政职能和权力的外在表现。地方政府行为受其对自身职能认知的影响，同样也受特定历史时期的影响，因不同时期地方政府职能的不同，地方政府行为也不尽相同。本书的地方政府行为的研究范畴是界定在财政分权这一条件下，即在这一特定条件下，地方政府行为对于管理社会公共事务的表现，主要表现为地方政府竞争和地方政府治理，可以看成地方政府作为"经济人"和"道德人"的特征体现。

还需要说明的是地方政府这一概念。按照惯例，中国的地方政府泛指中央政府以下的各个层级的政府，而本书中的地方政府指的是省级政府。中央与省级政府的关系在财政管理法规中做出了明确规定，而省级以下的各级政府的关系则由各个省份自行决定。省级行政区划单位在数量上相对稳定，有利于获取数据，使数据相对系统，从而具有可比性。

三 公共教育

公共教育看似简单，实际上是一个饱受争议的词，这源于公共教育的历史渊源。早在19世纪后半叶，公共教育萌芽时，既有李嘉图等学者认为公共教育不该由国家举办和管理，也有与之对立的霍布斯等学者极力倡导应由国家举办和管理公共教育。到20世纪初期后，受到凯恩斯主义的影响，公共教育的实施和管理全由政府包办，政府代表国家对教育进行直接管理和控制，承担相应的教育费用并分配教育资源，教育成为一项由国家全权包揽的垄断事业。这一行为到60年代开始不断地受到批评，以贝林等为代表的温和派及以鲍尔斯等为代表的激进派均对国家包办管理教育进行了批判，他们都提出教育应与社会互动，强调二者的相互作用与影响，批判教育受到垄断的负面作用。直到20世纪末期，公共教育的内涵发生了巨大的变化，在英国出现了教育消费的观念，而在美国则出现了教育市场化改革，代表学者是约翰·E. 邱伯，他认为只要是为公众服务并对公共机构负责的机构，无论是私人教育者还是地方政府，都能够提供公共教育。此时，另一种声音也出现在教育领域，以马斯特、伯克为代表的学者坚决反对教育市场化，认为公共教育市场化容易引发公共性危机。

中国公共教育产生于20世纪初期，当时半殖民地半封建的特殊背景使中国的公共教育缺乏坚实的政治经济基础。到新中国成立后，由于长期实行计划经济体制，公共教育是由国家公办、以国家为主体的教育形式，这一基本的公共教育格局随着改革开放的到来而改变。改革开放带来了西方公共教育的现代理念，中国公共教育体制也随之不断改革和发展，为社会大众服务的社会团体及私人教育也被纳入了公共教育大的范畴。

公共教育的概念在《西方教育词典》中是指凡是来源于公共资金，如地方和国家税资助的教育应当界定为公共教育。而在顾明远的《教育大词典》中是用所有权作为界定公共教育的标准，是指为社会公众服务且由国家举办的教育是公共教育，这一定义也被中国大多数学者所接受并采用。本书也将沿用这一定义，研究中涉及的公共教育仅限于由国家投资的形式，且界定无论是基础教育、高等教育还是公共教育，均属于准公共品的范畴。

第五节 研究思路与框架

本书的研究思路为层层递进式,理论研究同实证分析相结合。首先提出研究问题,综述相关文献,分析与之相关的制度背景和特征事实;其次展开理论研究和实证分析;最后总结全文,揭示本书的政策含义,同时展望进一步研究方向。如图1-1所示。

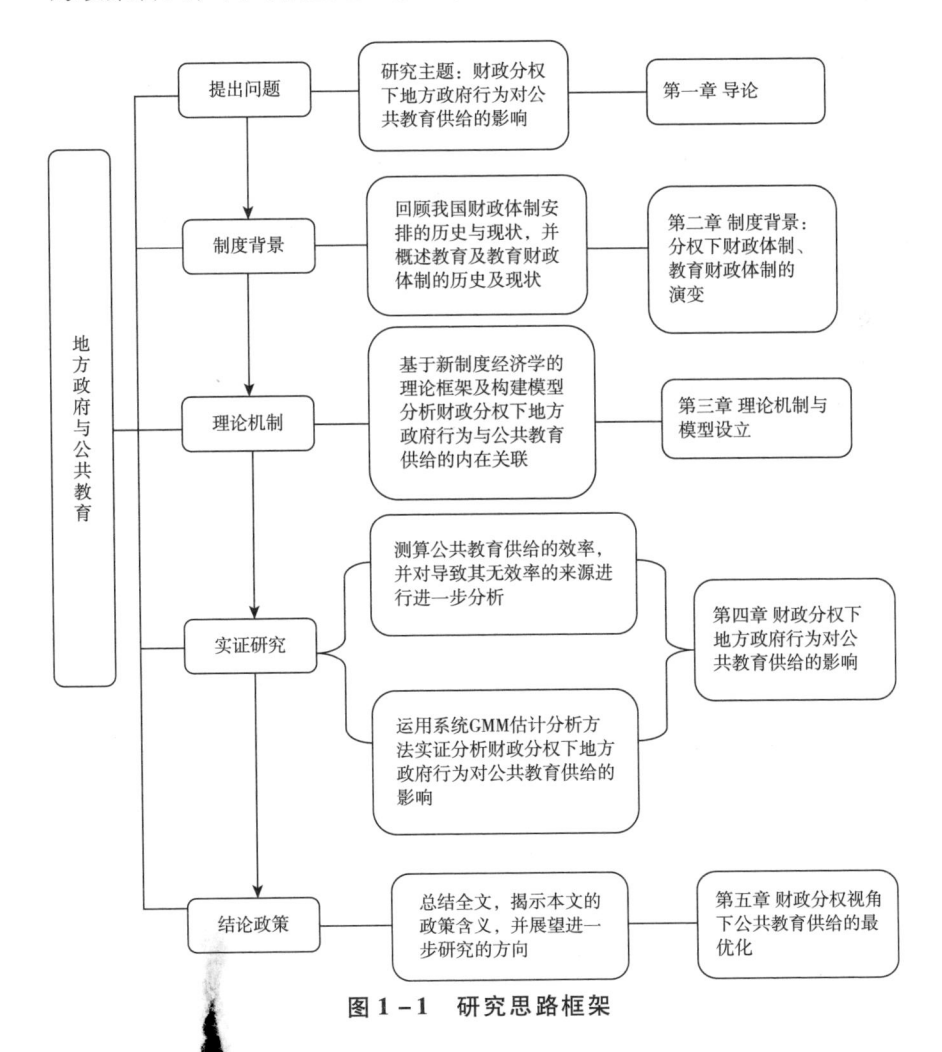

图1-1 研究思路框架

地方政府与公共教育

- 提出问题 — 研究主题:财政分权下地方政府行为对公共教育供给的影响 — 第一章 导论

- 制度背景 — 回顾我国财政体制安排的历史与现状,并概述教育及教育财政体制的历史及现状 — 第二章 制度背景:分权下财政体制、教育财政体制的演变

- 理论机制 — 基于新制度经济学的理论框架及构建模型分析财政分权下地方政府行为与公共教育供给的内在关联 — 第三章 理论机制与模型设立

- 实证研究 — 测算公共教育供给的效率,并对导致其无效率的来源进行进一步分析;运用系统GMM估计分析方法实证分析财政分权下地方政府行为对公共教育供给的影响 — 第四章 财政分权下地方政府行为对公共教育供给的影响

- 结论政策 — 总结全文,揭示本文的政策含义,并展望进一步研究的方向 — 第五章 财政分权视角下公共教育供给的最优化

本书基于新制度经济学的理论框架，对中国财政分权下地方政府行为特征及对公共教育供给的内在机制进行理论分析，并构建理论模型，进一步分析了财政分权下地方政府行为对公共教育供给的影响。从效率的视角，实证分析了财政分权下地方政府行为对公共教育供给的影响。首先利用 DEA 方法测算出公共教育供给的效率并分析导致其无效率的来源，其次用系统 GMM 估计方法分析地方政府行为与公共教育供给的内在关系，在得到导致公共教育供给无效率来源后，进一步运用 DEA 方法和系统 GMM 估计分析方法对无效率来源进行更深入的分析，并比较分析了各地区间的区域差异，最后揭示政策含义并总结全文。

本书共分为 5 章，具体结构安排如下。

第一章，导论。主要介绍本书的研究背景和意义，进行文献综述，提出所要研究的问题，对核心概念进行界定，并介绍本书运用的研究方法，提出本书的研究思路和内容框架，并指出本书的创新点与不足。

第二章，制度背景：分权下财政体制、教育财政体制的演变。回顾了中国财政体制安排的历史与现状，并概述了中国教育体制及教育财政体制的历史及现状。

第三章，理论机制与模型设立。基于新制度经济学的理论框架对中国财政分权下地方政府行为取向及对公共教育供给的内在机制进行理论分析并构建理论模型，进一步分析了财政分权下地方政府行为对公共教育供给的影响。

第四章，财政分权下地方政府行为对公共教育供给的影响。从效率的视角出发，实证分析了财政分权下地方政府行为对公共教育供给的影响。运用 DEA 方法测算出公共教育供给的效率，分析导致无效率供给的来源，并对无效率来源进一步测算与分析。基于测算得出的公共教育供给效率，采用动态面板数据模型，运用系统 GMM 估计分析方法检验财政分权下地方政府行为对公共教育供给的影响，并进一步对公共教育供给的无效率来源进行实证分析，并进行区域间的差异比较。

第五章，财政分权视角下公共教育供给的最优化。对全文内容进行总结，揭示本书的政策含义，并展望进一步的研究思路。

第六节 本书的创新之处与不足

本书在充分研究和继承前人成果的基础上，试图利用地方政府行为这一中间桥梁，采用层层递进式分析，较为系统地研究财政分权下地方政府如何作用于公共教育的供给及对其的影响。研究的创新之处主要体现在以下几个方面。

第一，将地方政府行为作为纽带，将财政分权与公共品供给联系起来，试图揭示财政分权如何通过地方政府行为作用于公共品的供给，已有文献大多集中在财政分权对政府规模、经济增长等相关经济变量的影响上，对于财政分权及公共品供给效率这一核心内容研究不足。本书以公共教育供给为切入点，从理论和实证上分析了财政分权与公共教育供给的内在联系，在研究思路上采用层层递进式，较为深入地探析了二者间的关系，丰富和完善了财政分权及公共品供给理论和实证研究。

第二，基于新制度经济学的理论框架对财政分权下地方政府的行为进行了分析，阐释了地方政府行为与公共教育供给的内在传导机制，并构造了理论模型加以分析。运用新制度经济学分析财政分权下中国地方政府的行为更加符合中国现实情况，使解释更有说服力，拓宽了分析地方政府行为的理论研究范围。

第三，从效率的视角对财政分权下地方政府行为与公共教育供给进行分析，利用基于 SBM 方向性距离函数的 DEA 方法，对公共教育供给的效率进行测算，较好地解决了已有研究中传统DEA的径向性和角度性缺陷，使结果更为精确客观。同时，该模型还能够对无效率来源进行分解，从而追溯导致无效率产生的根源，为进一步提高决策单位的技术效率提供了科学的依据，拓宽了公共教育领域的研究视角。在得到无效率来源后，进一步利用该模型对无效率来源进行测算，进而探寻更深层次的原因，使研究更为系统化。

第四，基于DEA模型测算出的效率值和财政分权下地方政府行为的变量，以及其他宏观环境控制变量，采用动态面板数据模型，运用系统GMM估计分析方法回归分析了财政分权下地方政府行为对公共教育供给及导致公共教育供给无效率来源的影响，并进行了各地区的区域差异比较，建立了较为稳定的数量化关系。

研究的不足之处在于理论模型的构建较为简易，不能完全反映现实状况，因数据的缺乏，在指标选取上不够全面，不能完全反映地方政府公共教育供给的投入产出效率。在测算公共教育供给效率时，由于统计口径发生变化，考察的时间过短，从而不利于分析公共教育供给效率的收敛性。这将是本项研究今后进一步努力的方向。

第二章 制度背景：分权下财政体制、教育财政体制的演变

新中国成立后到 1978 年改革开放前，中国财政体制高度集中于中央政府，地方政府实际上只是其代理机构，没有实际的财政权力。1978 年后，中国经济开始转型，率先打破了高度集中的财政体制，从而带动整体社会经济关系的调整，资源及利益等重新分配。从过去的高度集权到现在全国范围的分权，历经多年的改革与发展，是中央政府逐步向地方政府分权的试验和规范过程，具有制度变迁意义。在经济转型时期，作为其最重要的领域之一，财政体制贯穿于整个改革进程，发挥着链接纽带的作用。因为财政体制的改变会影响到诸如资源配置、分配公平等各项社会经济关系，关系到各个利益主体的权利得失，高培勇（2001）指出分权化的财政体制改革在国民经济改革调整初期扮演着"铺路搭桥"的角色。

当前中国地方政府支出比重高于世界上大多数国家，其中省级层面的财政支出比重一直占全国财政支出总额的约 70%，相较于发达国家省级层面财政支出比重的平均 30%，中国的分权程度可谓遥遥领先。张军（2007）指出中国可能是当今世界上分权程度最高的国家。在教育支出中，有 90% 以上的支出由地方政府承担，这一比重同样是远远超出世界平均水平。中国公共教育供给主要由地方政府承担，要考察中国公共教育供给的状况，必须要弄清楚财

政分权下地方政府的行为取向等问题，而对财政分权体制及教育财政体制这一特征事实及制度背景的了解是研究的前提。

本章回顾中国财政体制及教育财政体制的制度背景，第一节分析财政体制演变的特征事实，首先回顾中国财政体制改革的演进过程，在此基础上，进而分析中央与地方政府的财政关系，最后阐释地方政府的治理体制；第二节概述中国教育财政体制安排，首先对教育财政体制的历史进程进行回顾，其次分析中国教育财政的现实状况。

第一节　财政体制演变的特征事实

地方公共品及公共服务与该地地方政府的财政状况有很大的联系，地方政府承担着供给的主要责任，地方政府行为取向特征也直接决定了公共品及公共服务的状况。要分析在财政分权体制下地方政府的行为特征，首先要了解财政体制演变的历程和现状，弄清楚地方政府间的财政关系，进而分析在这一体制背景下地方政府的行为取向。

一　中国财政体制改革演进

中国财政体制自新中国成立至今经历了数次转变，从高度集中的财政收支管理制度——"统收统支"到"划分收支，分级管理"，再到"划分税种，分级包干"，直至1994年推行的全国范围的分税制财政体制，并沿用至今。大体可以将其划分为三个阶段，具体分述如下。

（一）"统收统支大锅饭"——高度集中的财政收支管理体制

新中国成立至1979年间的计划经济时期，国家财政体制关系可以用"统收统支"集中概括，国家拥有全部的财政收入，且根据战略需要决定各地方政府的预算，同时规定转移支付额度为地方征收的收入和支出限额之间的缺口额度，地方政府仅拥有代为征收及执行预算的权利，实质上地方政府充当的只是中央政府的代理机构。即便在1970年后，中央将其收支下放，实行计划包干，地方政府有了部分财源自主，但财政集中仍然是这一阶段突出的特征。从图2-1中可以看出，这一阶段的国家财政收入及支出占GDP的份额均为四分之一至三分之一，该水平接近于中等偏上经济体或发达国家水平（黄佩华和迪帕克，2003）。这一时期的财政体制有利于调动整体资源，能够集中力量解决经济中的困境，但与此同时，地方政府缺乏扩大财政收入的动力和提高财政支出的效率。

图2-1 1952~2011年国家财政收入与支出占GDP比重
数据来源：《中国统计年鉴》。

(二)"分灶吃饭"——财政承包体制

1980~1993年,中国财政体制改革经历了"划分收支,分级管理"到"划分税种,分级包干",在对财政收入和支出划分责任后,接着实行按比例分成制,最后实施财政包干。中央与地方的财政关系发生了重大变化,突出表现为财政承包制特点,具体表现为各地方政府向中央上缴一定的金额,之后逐年按比例增长,其余的收入即为各地方政府留存部分,财政合同通常每五年订立一次,使中央和地方政府的收入得以明确划分。从图2-2中可以看出,这一阶段地方政府收入占财政预算内收入总额的三分之二之多,中央财政所占份额明显减少,而国家财政收入占GDP的比重也急剧下降(如图2-1),傅勇(2007)认为这反映了非政府部门的资源支配自主权扩大,符合中国市场经济体制转轨的深入。除此之外,侯赛因和斯特恩(2006)认为市场化改革导致国有企业利润下降,从而使税收减少,而这并不一定是政府的意愿所为。财政承包制使中央政府的收入份额减少,大大增加了地方政府的优惠,同时强化了地方政府的经济责任,进而加大了地方政府发展地方经

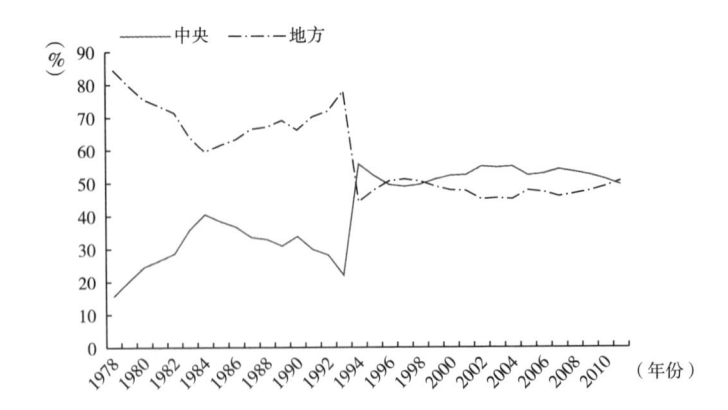

图2-2 1978~2011年中央与地方财政收入的比重变化趋势
数据来源:《中国统计年鉴》。

济的激励。中央政府借调资源的能力下降导致其将公共品及公共服务的供给责任长期推给了地方政府。中央政府与地方政府对财政资源的获取进行博弈，由于政策的不稳定性，使中央和地方容易形成互不信任的局面，从而违背事先承诺的可能性会增大。

（三）分税制改革

为了抑制政府财政收入的下降，尤其是要保证中央政府的财源，完善税收结构并增加透明度，1994年实行的分税制改革应运而生，并沿用至今。分税制财政体制，是在全国范围内推广实施的分税制改革，全国性公共品及公共服务主要由中央政府承担，地方政府则承担地方性公共品及公共服务，例如城市维护和建设、教育、文化、医疗卫生等。对各税种进行划分，分为中央税、地方税及共享税，同时设立两大征税机构——国税局和地税局，明确了中央和地方的责任范围。分税制改革保证了中央政府调配资源、发挥宏观调控的能力，重新确立了其在财政分配中的支配地位，其中，将消费税的全部份额及75%的增值税划归中央收入是其很好的体现，收回了在财政承包制中流失的权力。从图2-2中可以看出分税制改革的成效，1994年分税制改革实行以来，中央财政收入所占份额明显上升，而地方财政收入所占比重则大幅下降，此后二者的比重波动性小，趋势平稳。相对于政治上的集权，中国当前财政分权程度很高，如图2-3所示，2005年以后，地方政府支出占财政预算支出总额比重为70%以上，地方政府拥有充分的自主权，承担着地方公共品及公共服务供给的责任，决定了经济绩效和公共部门的效率，但由于地方政府在重新分配财政格局时缺乏谈判力，形成了地方政府财政收支的不匹配格局，地方政府承担着过重的支出责任。地方政府间日趋激烈的财政竞争使其在投入方面有所倚重，加之受到中央政府GDP考核体制的影响，从而使地方政府难以兼顾各项投入之间的平衡，其行为取向随之改变，竞相争夺有限的资本，为资本所有者提供便利，导致对基础设施和教育、卫生、医疗等方面的投资的差别。不得不指出，分税制改革的初衷是使公共品及公共服务属性与受益者所承担的支出责任更加相符，从而有效避免中央与地方政府间讨价还价及信息不对称的局面，但在实施过程中，地方政府的财权与事权并不匹配，地方政府并未获得与其支出责任相适应的收入，使财政负担加重。

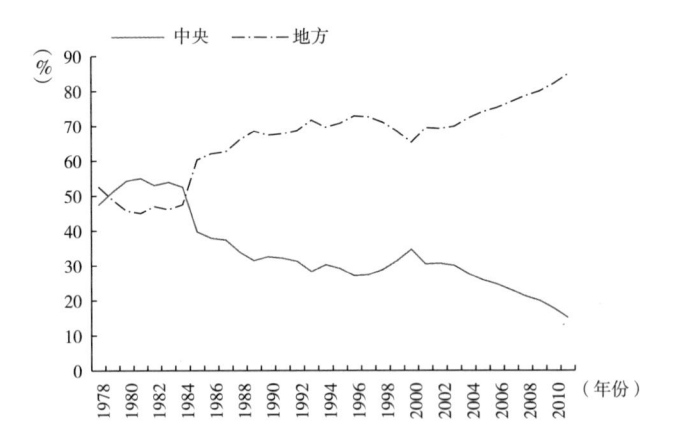

图 2-3　1978~2011 年中央与地方财政支出的比重变化趋势
数据来源：《中国统计年鉴》。

二　中央-地方政府的财政关系

在实行财政体制改革前的"大锅饭"阶段，中央和地方政府的财政关系可以集中概括为"统收统支"，像一个"大家庭"，表现为国家拥有全部的财政收入，而地方政府只是履行代为征收财政收入及执行预算的职责。高度集中的财政体制使中央政府拥有调配资源的优势，地方政府的预算及支出都由国家根据战略规划需要而决定，地方政府实际上充当的只是中央政府的代理人。此时，地方政府自身缺乏动力去扩大财源，提高财政收入，同时也无提高财政支出效率的积极性。

"分灶吃饭"的财政承包制打破了这一局面,中央和地方政府的财政关系发生了巨大的变化。一方面,中央财政压力减轻的同时,地方财政权力得到扩大,强化了地方政府的经济责任,增加了地方政府发展当地经济的内在激励。另一方面,由于财政承包体制下无配套规范的税制措施,在中央与地方政府对财政收入的分享博弈中,地方政府会策略性降低征税的努力程度,使中央的财政收入下降。例如地方政府将预算内的财政收入转变为预算外或体制外的收入,从而使中央难以监控。如图2-4所示,1982~2011年这一时期,地方政府预算外收入占国家财政预算内收入总额的比重最高超过60%,直到实行分税制改革才有所下降。中央政府同样会有策略性的回应,例如在经济增长的下一年提高地方收入的财政分成率或减少对地方的财政补贴额度等。这样一种类似于固定资金合约的制度安排使中央与地方之间缺乏信任,弱化了税收调节功能,导致中央的财政收入减少,进而影响了中央宏观调控的能力,造成了许多负面影响。

图 2-4 1982~2011 年地方政府预算外收入的变化趋势

数据来源:《中国统计年鉴》。

1994年实行的分税制改革是为了抑制财政收入的下降，尤其是为了保证中央政府的财政收入，调整中央和地方政府间的收入分配，同时消除原有税收结构中不合理因素，增加其透明度。从收入方面看，影响深远的分税制改革提高了中央的财政收入。分税制改革后，中央财政收入明显上升，中央财政占财政预算内收入总额的比重平均达到50%左右。与此相反的是，地方政府的财政收入占财政预算内收入的比重由分税制改革前的三分之二左右下降到50%左右。但从支出方面看，分税制改革并没有发挥良好的平衡作用，地方政府仍然承担绝大部分地方公共品及公共服务的支出责任。地方政府财政支出占财政支出总额的比重基本维持在70%左右，并且处于一直上升的趋势。加之地方政府的公共投入融资受限，如不能自主发行债券等，地方政府收支的不平衡势必加重地方政府的财政负担。与此同时，黄佩华（2005）认为分税制改革使增值税成为税收返还的主要来源，而发达地区的制造业及服务业更为繁荣，能够创造更多的增值税，从而能够获得更多的税收返还，因此，这种机制实际上使发达地区从中受益更多，似乎分税制改革的财政体制在一定程度上不利于地方财政均等化。

三 地方政府的治理体制

在分析地方政府的治理体制之前，首先要对政府治理的概念做一界定。世界银行在1992年的报告中认为，治理是一种权力形式，用于管理社会发展资源和国家经济。Kaufmann等（1999）将政府治理定义为一种制度安排，即管理社会和经济交换事务，其中对公共资源的协调和管理是重要内容之一。政府治理的根本目的是探寻和建立一个有效率且公正的政府，在其管辖范围内维持政治权威和行政权力。在这个过程中，政府单方面发挥能动性解决社会问题是不够的，需要政府与市场、企业、社会，尤其是与公民之间的互动。改革发展的事实证明，只有加强政府与社会各界力量的互动合作，才能创造出更强大的能量推动地方经济建设与发展。新中国成立以来，地方政府治理范式随着中央与地方政府之间关系的变化而一直处在变革之中，随着市场经济体制的转型而不断调整。按照改革开放的时间划分，地方政府治理范式可以大致分为两种范式，即政府全面包干型及政府经济绩效型。

(一) 政府全面包干型治理范式

新中国成立至改革开放前 (1949~1977 年)，地方政府治理范式表现为政府全面包干型治理范式，政府对社会及公众严格控制，资源配置均由政府权威裁决和计划。在集中计划型的治理模式下，政府全能性的治理职能得到充分的发挥，政府对生产资料、生产过程及最终利益的分配均掌握主宰大权。在当时计划经济体制下，市场机制无法发挥作用来调节经济、社会生活中的不可预知性问题。只能通过政府来加以实施，即政府运用行政性的治理手段来调节。此时，政府行政管理中面临的结构性和技术性难题则因政府职能配置的宽泛及行政性手段的方式而加剧。

有学者认为这种政府治理范式是受传统政治模式和政治文化的影响及新民主主义时期政府实践和马列主义思想的影响等 (谢庆奎，1995)，也有学者将其概括为马列理论、苏联模式、实践经验、现实国情、经济体制、政治时局、历史传统、文化氛围及社会结构九大因素 (张立荣，2003)。张立荣和冷向明 (2007) 指出这种政府治理范式是在计划经济体制下的必然结果，它的形成具有某种必然性，也曾在特定历史时期发挥积极的作用。因为当时该种治理范式解决的问题不是生产社会化和生产资料私有化矛盾导致的"无政府"状态，而是如何加快工业化进程，解决工业化过程中面临的优先发展重工业、资金问题及城市化的问题，与该时期国家发展战略是相适应的。但同时，随着社会经济的转型和发展，政府全面包干型治理范式也暴露其缺陷，由于管理负担过重，行政指令与待解决的问题难以一致匹配，从而顾此失彼。主要表现为在宏观层面上导致经济结构的畸形发展，扭曲了产业结构，农业劳动力转移速度放缓，从而使城市化水平低下，而在资源配置上的效率低下使社会竞争缺失及创造力下降。

（二）政府经济绩效型治理范式

1978年改革开放以来，中国计划经济体制开始向市场经济体制转轨，在经济转型过程中，财政分权成为转型的先行者，可以说是中国经济转型的开端，率先打破了高度集权的经济体制。在中央政府构筑的自上而下的分权体制安排下，一方面，地方政府获得大量的财政资源，如稳定的财政收入和转移支付以及预算外和制度外的收入，使地方政府相比过去，拥有了独立的经济自主权；另一方面，地方政府也承担了一系列责任，如地方公共品及公共服务的供给等。中央为克服信息不对称，采取多头任职、干部交流、晋升等手段对其进行监督，对地方政府官员的考核和任免，保证了地方政府官员的目标相对一致性，不易于地方精英势力俘获。Tsui and Wang（2004）把20世纪80年代的财政体制改革理解成一个政府治理的范式，在这个范式中，中央政府与地方政府签订责任书，由中央政府制定一系列指标，地方政府则承诺并实现该目标。

对地方政府的政绩考核机制在这一时期开始形成，到80年代中期实行的官员目标责任制之后，政绩考核机制开始走向制度化，经济绩效通常成为考核的决定性因素，决定了地方政府官员的提拔晋升。80年代以来，先后经历了五次政府治理范式的调整，均取得较为明显的成效。全面包干型政府治理范式逐渐向政府经济绩效型治理范式过渡，政府追求经济绩效的特征凸显，政府与市场的关系逐渐磨合，政府职能及运作方式也发生了较大的变化，法律的权威在各领域得到重视并发挥重要作用，依法行政成为政府运作的基本要求，公民参与公共服务的积极性也越来越高。在肯定成效的同时，也要看到政府经济绩效型治理范式的一些不足，其中，垂直化的政府治理结构难以符合各种资源要素横向流动的需求，虽然其具有统筹全局、集中力量的优势，而政府治理的理念也应向服务型进一步转变，政府工作人员的观念和素质均有待进一步提升。

第二节　中国教育财政体制

教育财政是财政体制的一部分，教育财政体制是由国家或社会团体筹集和使用教育经费，保障教育系统顺利运行和发展，合理有效地配置教育资源，从而促进教育公平、效率和自由的社会机制（王定华，2006）。教育财政体制是满足教育活动的各种资源整合、分配和使用及管理制度的总和。教育财政体制的演变与特定历史时期的社会制度、经济发展水平等有密切关联，有效的教育财政体制在实现教育的功能、提高全民素质、维持社会安定和公平方面都能发挥积极的作用。本节接下来对中国教育财政体制的历史进程作一回顾，然后分析当前中国教育财政体制的现状。

一　中国教育财政体制历史进程

中国教育财政体制随着国家的发展而逐渐更新和完善，其历史演变过程与中国财政体制的变革息息相关，大致可以分为如下四个阶段。

(一)"统收统支、三级管理"教育财政体制阶段（1950~1953年）

1950年《关于统一管理财政收支的决定》通过后，标志着财政收入及财政支出均由中央统一集中管理，这也是新中国成立后第一个关于财政管理体制的文件。这一时期的教育经费实行统收统支，强调中央的集中领导，所有经费的预算、征收均由中央裁决，地方政府可以向中央提议预算安排，但无决策权，地方政府的开销需经由中央统一审核，审核通过后方可逐级向下拨款。"三级管理"即指中央、省（自治区、直辖市）及县分级管理，但省级政府及县级政府均无完整的财政能力，由中央统一管理。

"统收统支、三级管理"的教育财政体制在当时特定的历史时期发挥了不可忽视的积极作用，新中国成立时，由于多年的不稳定局势使国家的经济处于几乎崩溃的边缘，要恢复国家各项工作安排急需大量的资金，此时统收统支的方式能够保证各项工作顺利展开，教育领域也不例外。这一体制能够集中有限的教育经费，从而解决最亟须办理的大事，如接管和改造旧教育及调整高等学校的院系等，有效地促进了教育的恢复和发展。但是，这种财政体制的弊端也很明显，经费拨付的手续过于繁杂，使组织管理成本很高且延缓了教育经费的周转速度，各类教育经费之间不能被合理调配和补给，削弱了宏观教育管理职能，不利于教育事业的长期发展。

(二)"条块结合、块块为主"教育财政体制阶段（1954~1979年）

经过之前三年多的治理和整顿，国家的财政经济秩序基本恢复到正常水平，高度集中的财政体制已越来越不适应新的发展需要，财政体制及教育财政体制开始发生战略性转变。1954年出台《关于编造1954年预算草案的指示》，教育财政体制开始实行"条块结合、块块为主"的制度。根据教育部和国家计委提供的事业建设计划，采取定员定额的办法，给各地方和部门制定教育经费的总控制标准，即"条块结合"，教育经费按其行政隶属关系，纵向划分，由中央和地方两级分级管理，以地方为主，各地方政府有权统筹安排教育预算，即"块块为主"。这一体制的实施，赋予了地方政府更多的权力，各地方政府可以根据自身的特点对教育经费进行筹措、使用和管理，为地方政府主动发展本地区教育事业提供了可能。

这一体制使地方政府能够充分发挥积极性，很好地将中央适度统筹管理与地方自身的特殊性及主观能动性结合起来，同时也减少了中央的组织管理成本，与当时的经济发展水平与教育行政体制相适应。然而，这种体制也存在一些问题，同"统收统支"阶段的问题类似，中央对地方政府干涉过多，管理太严，没能从本质上摆脱这一传统弊端。杨会良（2006）将改革开放前中国教育财政体制的特征概括为四大特征：统收统支、高度集中，直接管理、年度平衡，完全指令、条块分割，两条腿走路、多渠道筹资。

（三）市场经济改革发展下的教育财政体制阶段（1980~1992年）

1980年，中国财政体制实行"划分收支、分级包干"，相应的，财政部对科教文卫事业等也试行"预算包干"的策略。在《关于实行新财政体制后教育经费安排问题的建议》中指出，中央和地方政府分级管理教育经费，其中归中央所属的地方高等院校和中等学校的教育经费由中央负责，其他的则有地方政府负责。中央政府提供相对数额较低的专项拨款，地方政府承担起教育的职责，成为教育经费的主要筹措者。这一教育财政体制在1986年《中华人民共和国义务教育法》中以法律的形式得到确认。

这一时期，地方政府拥有了自主权，改变了过去实行硬性制度指标规定投入的情形，实现了教育经费管理的权责一致。在制订教育发展计划上，地方政府有了决策权，以支定收，自主支配教育经费，不再依赖于中央，调动了地方政府的积极性。但同时也加重了地方政府的压力，加剧了教育的区域不公，在教育经费的投入和使用过程中，也出现了许多不合理的问题，最终没能突破教育发展的实质。

（四）中国特色公共教育财政体制阶段（1993年至今）

具有中国特色的公共教育财政体制探索始于1993年十五届五中全会，中央提出应按社会主义市场经济要求逐步建立与之相适应的公共财政框架。1995年《教育改革和发展纲要》明确提出要逐步建立教育公共财政体制，以国家财政拨款为主，同时多渠道筹措教育经费。自此，公共教育财政开始向社会各阶层筹措经费，包括征收教育相关税费、收取非义务教育学生学杂费等，除此之外，校办企业的收入、来自社会的捐赠及设立专项教育基金等，也都为拓宽教育经费筹集渠道做出了贡献。教育经费的来源渠道多元化，管理公开化，让各阶层都参与到教育财政中，从而构建公平的教育秩序。中央也构建了教育财政转移支付制度，由国家实现中央拨款，使贫困及边远地区的教育得以改善，例如实施贫困地区义务教育工程等项目，在一定程度上提高了教育公平程度。2005年《国务院关于深化农村义务教育经费保障机制改革的通知》的出台，使教育经费的分担更为明确，中央和地方分别承担一定比例的学杂费，其中在西部地区按8:2的比例，中部地区则为6:4，而在东部沿海省份则根据各个地区的财政情况而定。这样一来，经济发展水平相对落后的西部和中部地区的教育财政负担减轻了，在一定程度上促进了教育公平。

实行中国特色的公共教育财政体制是中国教育领域的一大进步，在以国家财政投入为主、多渠道筹集教育经费的框架下，同时配套合理、有效的教育财政转移支付，反映出公共教育财政体制追求公平，努力实现教育本真价值。然而，不可忽视的是在实现的过程中仍然存在诸如过于依赖地方导致地区间及城乡间教育不公等问题，这些现实问题值得人们深思并设法改进。

二　中国教育财政体制现状

随着社会主义市场经济体制的逐步完善和教育体制改革的不断深入，中国教育财政体制已形成以国家财政拨款为主、多渠道筹措经费的多元化格局，教育财政体制改革已经迈出了很大的步伐。教育经费是教育成本的主要构成，是评价教育财政制度的主要依据（Benson，1995），一般指国家、政府或社会支付的教育事业费及教育基本建设投资。近年来中国教育财政状况的特点主要表现为如下四个方面。

第一，教育经费投入总量大幅增长，国家财政性教育经费也逐年递增，标志着国家对教育的重视程度不断提高。教育经费投入总量及国家财政性教育经费均处于上升趋势。2000 年，全国教育经费投入总量为 3849.08 亿元，到 2011 年总量多达 23869.29 亿元，增长了 5.2 倍。其中，财政性教育经费从 2000 年的 2562.61 亿元增加到 2011 年的 18586.7 亿元，增长了 6.25 倍之多，逐年增长幅度平均近 20%（见表 2-1）。在地区层面上，西部地区的教育投入是最高的，东部次之，中部最低。

第二，教育经费来源渠道多元化，非财政性教育经费逐渐成为教育经费的重要来源之一。随着社会的全面发展，教育需求走向多元化发展的道路，教育的形式也变得丰富起来，教育的供给需满足其需求，教育经费多元化成为必然，这是社会经济发展多样化的客观需要，能够更加充分发挥政府的调节作用，提高教育经费的使用效益。如表 2-2 所示，中国教育经费的来源为财政性教育经费及非财政性教育经费，其中非财政性教育经费投入逐年增加，投入总额从2000年的1286.47亿元增长到2011年的5282.59亿元，增长了3.1倍左右，此外，其占教育经费投入总额的比重也有一定的增长，逐年增长速度在2001~2005年超过财政性教育经费增长速度，从2006年开始逐年增长速度低于财政性教育经费的逐年增长速度（见图2-5），非财政性教育经费来源的重要性凸显。

表2-1 国家教育经费投入（2000~2011）

单位：亿元、%

年份	全国教育经费	国家财政性教育经费	国家财政性教育经费比上年增长幅度
2000	3849.08	2562.61	12.04
2001	4637.66	3057.01	19.29
2002	5480.03	3491.40	14.21
2003	6208.27	3850.62	10.29
2004	7242.60	4465.86	15.98
2005	8418.84	5161.08	15.57
2006	9815.31	6348.36	23.00
2007	12148.07	8280.21	30.43
2008	14500.74	10449.63	26.20
2009	16502.71	12231.09	17.05
2010	19561.85	14670.07	19.94
2011	23869.29	18586.70	26.70

资料来源：《中国统计年鉴》。

表 2-2 中国教育经费来源构成（2000~2011）

单位：亿元

年份	全国教育经费	财政性教育经费	非财政性教育经费			
			民办学校中举办者投入	社会捐赠经费	事业收入	其他教育经费
2000	3849.08	2562.61	85.85	113.96	938.27	148.39
2001	4637.66	3057.01	128.09	112.89	1157.51	182.16
2002	5480.03	3491.40	172.55	127.28	1460.92	227.87
2003	6208.27	3850.62	259.01	104.59	1721.84	272.19
2004	7242.60	4465.86	347.85	93.42	2011.43	324.04
2005	8418.84	5161.08	452.22	93.16	2340.00	372.38
2006	9815.31	6348.36	549.06	89.91	2407.30	420.67
2007	12148.07	8280.21	80.93	93.06	3177.24	516.62
2008	14500.74	10449.63	69.85	102.67	3367.07	511.52
2009	16502.71	12231.09	74.98	125.50	3527.59	543.54
2010	19561.85	14670.07	105.43	107.88	4106.07	572.40
2011	23869.29	18586.70	111.93	111.87	4424.69	634.10

数据来源：《中国统计年鉴》。

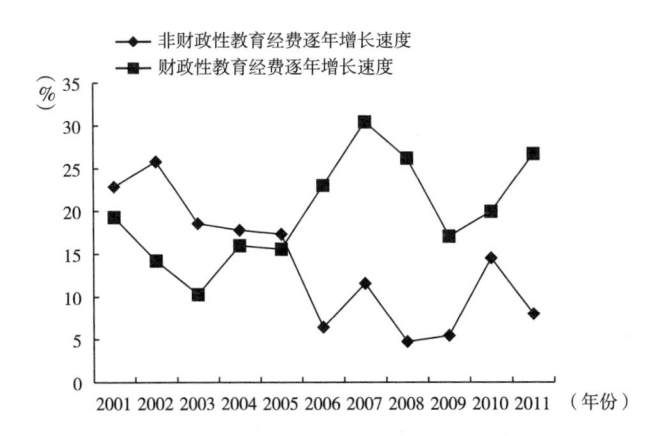

图 2-5 财政性教育经费与非财政性教育经费逐年增长速度

资料来源：《中国统计年鉴》。

第三，教育经费投入总量仍然不足，特别在义务教育阶段经费缺口巨大。相当一部分农村地区不具备义务教育办学的基本条件，主要是政府投入的办学经费不足导致，下面一组数据有效反映了这一现状，2000 年中国生均事业费占人均 GDP 的比重，小学为 13.5%，初中为 17.5%，而同一时期 OECD 国家的水平，小学为 19%，初中为 23%。王善迈（2003）认为导致农村义务教育经费不足的直接原因是政府的财力与责任不匹配，农村义务教育的责任由县、乡、村三级负责，但是主要的财力却掌握在中央及省级政府层面，义务教育经费分担不合理。

第四，国家财政性教育经费占 GDP 的比重不断提高，接近 4% 目标。1993 年的《教育改革和发展纲要》中提出财政性教育经费占 GDP 的比重在 2000 年要实现 4% 的目标，而后在 2006 年第十一个五年规划中再次强调这一目标，反映出国家对于教育经费投入的重视。近几年，中国财政性教育经费占 GDP 的比重不断上升，如图 2-6 所示，自 2005 年开始，该比重逐年上升，到 2011 年上升为 3.97%，接近 4% 的目标。

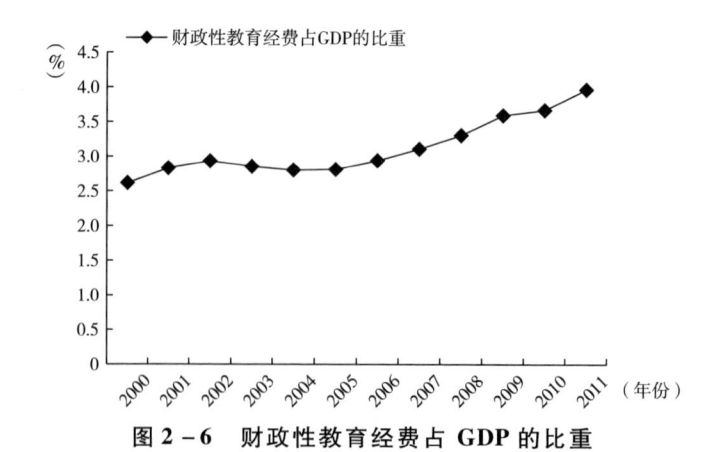

图 2-6 财政性教育经费占 GDP 的比重

资料来源：《中国统计年鉴》。

第三节 小结

本章首先对中国财政体制演变的特征事实做了较为详尽的考察。回顾了中国财政体制改革的演进过程,对中央政府与地方政府的财政关系进行分析,并对地方政府的治理体制演变做了回顾与总结。中国财政体制从计划经济时期的高度集中的财政收支管理体制到财政承包体制,再到分税制改革,中央政府与地方政府的财政关系也随之发生变化。对于财政体制的改革演进过程,尽管最初走上分权之路是迫于财政压力,但是在"分灶吃饭"的财政承包体制下,中央政府仍旧依赖地方政府"进贡",处于被动的状态,经过20世纪80年代的多次财政体制调整,最终还是走向1994年的分税制改革。在此之后,中央财政压力得到缓解,但是财政赤字占国家财政支出的比重仍然出现上升趋势,表明整个国家的财政压力并没有得到真正释放,可能的原因是各地方政府为了维护既得利益而实行大量税收返还。改革之初与改革期间的财政压力并不相同,改革之初的财政压力是由于计划经济体制本身固有的缺陷,使萎缩的财源无法适应财政支出需求,压力来源于收入,改革期间面临的财政压力则多是源于支出,是经济建设需求所引致的。

其次,本章对中国教育财政体制的历史进程做了一个回顾和评论,并对中国教育财政体制现状进行分析。中国教育财政体制的演变与财政体制的变革密切相关,经历了"统收统支、三级管理"、"条块结合、块块为主"、市场经济改革发展下的教育财政体制及中国特色公共教育财政体制四大阶段。起初的中央政府集中领导在当时特定的历史时期发挥了积极作用,随后,由于组织管理成本过高、拨付手续繁杂、教育经费不能充分发挥作用等问题的存在,教育财政体制在逐步改革和完善，到中国特色公共教育财政体制阶段，形成了以国家财政投入为主、多渠道筹集教育经费的格局，反映出公共教育财政体制追求公平、努力实现教育本真的价值，凸显中国特色。中国教育财政体制现状总体表现为，在多渠道筹集经费下，教育经费逐年增加，非财政性教育经费也逐渐成为教育经费的重要来源，但教育经费投入总量仍旧不足，在义务教育阶段表现更为明显。

第三章 理论机制与模型设立

随着中国改革进程的加快，中国增长奇迹的出现使众多学者聚焦中国问题，其中有不少研究从分权的视角对中国增长奇迹进行了有说服力的解释（Qian 等，2002；Jin 等，2005；张晏和龚六堂，2005；沈坤荣和付文林，2005；周黎安，2007；李国璋和刘津汝，2010）。财政分权的初始动因即分权能够提高公共品及公共服务的效率。在中国，财政体制的改革使地方政府拥有了相对独立的财政自主权。作为政府管理体系中重要组成部分，地方政府既是中央政府改革战略的执行者，也是推动制度变迁的主体力量。一直以来，地方政府对中国经济发展等各方面发挥着至关重要的作用，这也是其他国家所不可比拟的。

纵观中国财政体制改革历程，由于中央政府对财政体制选择的不同，在不同的发展阶段，地方政府有着不同的目标函数和行为特征，从而在整个政府管理体系中产生的作用也有较大差异。如前文所述，在传统的高度集中的管理体制下，地方政府服从于中央政府的指令计划，自身不具备独立的主体地位，缺乏资源配置及经济管理能力，对地方政府政绩的考核标准主要为是否绝对服从和按时完成计划任务等，表现为对中央政府下达的指令完成的完美程度。随着财政体制的不断深化和改革，地方政府的地位及其作用也发生了巨大的变化。一方面,作为政府,不仅承担中央政府的指令任务,还享有管理和调控地方经济运行的职能;另一方面,作为所有者和地方经济的投资者及保护人,拥有促进地方经济发展和增加资本的职能。

与西方发达的市场经济国家财政分权不同,中国式的财政体制表现为经济上的分权与政治上的垂直管理体制。地方政府面临经济上与政治上的双重激励。在这一背景下,地方政府行为取向如何,在提供诸如公共教育等公共品及公共服务的绩效上又怎样呢,有学者认为财政分权硬化了地方政府的财政约束,中央政府通过竞标竞争的机制有效激励了地方政府(Qian and Weingast,1996;Qian and Roland,1998;Maskin 等,2000;朱恒鹏,2004),也有学者认为财政分权对地方政府造成了消极的影响,如张恒龙和康艺凡(2007)认为分权导致地方政府间财政竞争,而官员委任制及以经济增长为核心的政绩考核制度使地方政府财政支出结构扭曲,不利于公共品及公共服务的提供。康锋莉和艾琼(2011)得出了相似的结论,认为分权导致地方政府竞争,异化了地方政府行为。

本书在新制度经济学的理论框架下考察财政分权下地方政府的行为取向,进而探讨了地方政府行为对诸如公共教育等公共品以及公共服务的影响。紧接着,设立符合中国地方政府间财政关系的理论模型,分析地方政府行为取向对公共教育供给的影响。

第一节 财政分权下地方政府行为与公共教育供给的传导机制

一般认为,问世于 1937 年科斯的《企业的性质》一文是新制度经济学诞生的标志。该文将交易成本的概念引入经济分析之中，运用早期的制度经济学与新古典主义经济学的架构对构成经济活动底层基础的社会与法律规范进行分析。如科斯所说，新制度经济学就是用主流经济学的方法分析制度的经济学，而新制度经济学一词最早是由威廉姆森在1975年提出的。短短几十年间，新制度经济学由兴起步入主流，且发展初具规模，已经形成了自己的基本理论及分支学派。新制度经济学通过放宽新古典经济学的一系列假设，使之对现实的经济现象更具解释力，是现实经济发展的需要。19世纪80年代中后期，新制度经济学引入中国，并在分析中国现实问题上引起众多学者的关注。新制度经济学与旧制度经济学的区别在于前者的有关人的行为的三个假定，即人是有限理性、具有机会主义倾向和追求财富最大化，因此，需要由制度来规范及约束其行为。作为新的理论，新制度经济学的"新"，在于重拾新古典主义经济学假定不变的前提——制度，而非新的研究对象和方法。张芳山和刘浩林（2008）指出制度可以由内在制度和外在制度组成，前者指在群体内部由经验演化而来的规则，包括风俗习惯、礼貌、内化而生的规则等，而后者是指通过外在设计并依靠政治行动执行的社会规则，包括政府颁布的各项法律、制度等。从内在制度和外在制度的形成过程中可以看出，外在制度相较于内在制度而言更稳定和更有效，显得更加重要，但同时外在制度需要内在制度的辅助，这样才有利于降低外在制度的执行成本，二者互补而为。

本书所探讨的中国财政分权体制下地方政府行为取向，之所以采用新制度经济学的理论框架进行分析，答案是归功于中国改革开放以来政治经济体制的重要变革，其中财政体制改革是重中之重。正是制度变革的实践与应用，才使新制度经济学在分析中国地方政府行为上有了良好的契机。

一 新制度经济学框架下的"政府经济人"

(一)产权制度变革下权利束的重组与重配

1980年中国实行财政体制改革以来,中央政府和地方政府在制度建设上不断试验,渐进地发展,不可否认,十余年的改革使中央向地方政府分权的效果是显著的。到1994年分税制改革,地方政府承担了更多的地方公共品及公共服务提供的责任,中央的财政压力得以缓解,重新确立了其在财政分派上的支配地位。可以看到,每次财政体制变革都是围绕着产权制度改革展开的,产权制度的变革,实际上是一种权利束的重新组合和重新配置的变革过程。实践表明,在1980年和1994年两次重要的财政体制变革中,地方政府都从中央政府那里获得由变革带来的权利束,前一次中央政府下放了一定的经济管理权和财政收支权给地方政府,后一次在向地方政府放权的同时,地方政府也向企业进一步放权。值得注意的是,中央政府向地方政府放权,地方政府向企业放权,都不是一种绝对的施舍或是恩惠,其变革行动的准则是产权应该以其最为有效的方式配置给最佳的主体,从而实现帕累托最优。

中国实行财政体制改革以来,一直体现该行动逻辑。在这两次产权制度的变革过程中,地方政府始终扮演着双重角色:一方面,地方政府受到中央政府官员考核和任免的影响,对中央政府有强烈的依附性;另一方面,地方政府在改革过程中会结合本地实际,发挥主观能动性,重新解读和调整中央政策,以推动地方经济的发展,并从中获利。为什么会出现双重角色的地方政府,或者说地方政府扮演双重角色的动因是什么?问题的关键在于产权主体没有获取完整的产权。两次财政体制的改革,可以看成两次产权制度的变革,可以说30多年来的财政体制改革,分权化的效果是不彻底的,地方政府没有拥有完备的权利。拥有了相对独立的财政自主权的地方政府出于对权利的争取，会积极累积政治资本及扩张地方财力，不遗余力地扩大投资规模，造成地方政府间的财政竞争，有学者将其总结为"为增长而竞争"的地方政府行为（张军，2005；王珺，2004）。而在教育领域，各地方同样出现"为升学率而竞争"的现象，地方政府没有将有限的教育资源按照合理的路径配置，而是集中分配在该地区处于优势地位的学校，诸如重点院校等，这一行为取向制约了整体教育水平和质量的提高，可能使公共教育供给效率低下。分权改革的不彻底造成地方政府获取到的权利不完整，在这样一种不完备的产权结构下导致地方政府对自身职责认识不清，出现为增长而竞争、为升学率而竞争等一系列与改革初衷相悖的现象。

（二）公共选择下的"政府官员"

公共选择理论借助经济学的研究方法探索政治上的决策过程，从政府官员的角度探析政府带来的影响，发展成为一套方法论。它的两个重要标志是：一是反对以慈善的独裁者身份出现的政府在实行公共政策方面的神圣角色；二是对方法论个人主义的采用（梁海音，2008）。与主流经济学和政治学相比，主要特点是把政治看作一种个人相互交易的市场，并用新古典经济理论对其进行分析，分析相关的政治活动，试图建立一种严谨的、原理式的政府一般理论，它的特征是对经济学中的新古典传统的批判，丰富了人们对于政府行为的理解。在公共选择学派看来，人类社会由经济市场和政治市场两大市场组成，二者的区别不是所追求的目标不同，而是追求利益时所选用的方法不同（乐先莲，2011）。而人的本质是"经济人"，在经济市场上的行为和动机同样在政治市场上存在，集体行动归根到底都是由个人行为决定的，其动机也由个人动机决定，因此，政府官员也具备"经济人"的特性。和传统的政治学理论认为的不同，政府官员不会自觉主动地追求公共利益，而是表现为在配置公共资源时追求自身利益的主体，将公共资源优先配置在能给自身带来更多利益的行业和部门等。

财政分权后，地方政府拥有了更多的财政权利，保障了地方政府在财政支出上拥有了自由的裁判权，而在现有的官员任免及政绩考核机制的作用下，根据公共选择理论，作为理性的政府官员为了追求晋升和谋求个人利益最大化，从而努力符合政绩考核标准。若经济建设支出较公共教育而言更有利于政绩表现，地方政府会为争夺资本展开财政竞争，并且倾向于将财政支出投入经济建设。在财政收入既定的情况下，势必会挤占公共教育的支出，从而使公共教育供给不足。公共教育不能在短期内给政府带来直接的好处，加之政府间权责不清及缺乏有力的监督机制的客观事实，使地方政府不会主动投资教育领域，造成公共教育供给的缺失，除此之外，公共教育正的外部性是进一步导致地方政府提供公共教育供给不足的又一重要原因。周继良（2009）指出由于教育的准公共品属性使教育市场失灵。已有不少学者从政绩考核机制的视角，分析其对地方政府的激励导致该现象的产生（周业安，2002，2003；周黎安，2004；李军杰、钟君，2004；等等）。邹俊伟等（2010）进一步指出该机制对贫困地区影响更大，因为富裕地区的地方政府由于其财源丰富，故除去用于经济建设的资金，仍旧能够提供较好的公共品及公共服务，贫困地区则因资金缺乏而无法保障。

（三）制度变迁的负外部效应

制度变迁是制度"均衡－失衡－再均衡"的一个动态演变过程，一项新制度的产生会带来新的制度产品及政策行为，在这个过程中，制度执行者的能动作用十分重要（黄少安，2003）。制度变迁产生的前提是制度主体的创新活动带来足够的利润激励（汪丁丁，1992），而制度的安排与结果取决于制度主体对于制度的理解与实施，可以说其结果是不确定的。当制度从均衡状态失衡时，往往是制度主体获取机会的起点，同时受到来自社会外部环境的影响，当制度的边际转换成本与边际收益相等时，制度变迁就会发生。

  财政体制的变革过程可以看成制度变迁的演变，而地方政府是制度主体，其符合制度主体的基本特征，因此，可以将地方政府的行为纳入制度变迁理论的分析框架中。在财政体制变革过程中，地方政府对于该制度的理解，决定了该项制度的安排与结果，政府官员对于新制度规则的理解，往往结合自身的利益及偏好，从而在实施过程中出现追逐自身利益的行为倾向。李细建和廖进球（2009）认为具有双重身份和多种职能的地方政府是有限理性的，在中央政府无法有效激励和约束的情况下，地方政府容易出现"越位""错位"等问题。中国实行财政分权以来，地方政府拥有了相对独立的财政自主权，在这样一种制度变迁过程中，地方政府的利益需求有了制度的保障，从而刺激了其追逐利益的动机，纷纷为了各自辖区的利益最大化而展开财政竞争，使地方政府出现诸多非理性竞争行为，诸如不择手段追求地方经济增长、地方保护主义等，而忽略了地区福利最大化的目标。在公共教育领域，制度变迁带来的负外部效应尤为突出，由于地方政府过度追求经济利益，而公共教育带来的经济利益在短期内不明显，从而使公共教育投资遭到忽视，同时，既得利益的地方政府，如一些发达地区，往往会将公共教育资源支持优质学校，使其拥有绝大部分公共教育资源，凭借其累积的社会效应而收取的择校费又成为地方政府进一步获取利益的渠道，导致公共教育资源配备不均衡，这可能成为供给效率低下的又一个原因。

二 新制度经济学框架下的"政府道德人"

成本费用问题存在于任何政府的治理行为之中，而对于政府治理结果的衡量，政府对成本费用的关注度也远超过其他应关注的问题。交易成本一词经由科斯在其著名论文《企业的性质》中提出后得到广泛的关注和应用，简单地说，就是达成一笔交易所需花费的成本或费用，包括时间成本及货币成本。与一般的生产成本不同，交易成本是人与人之间的关系成本，是在一定的社会关系中，人们自愿合作达成交易需支付的成本。因此，自人类交往活动产生以来，交易成本便随之产生，成为人类社会活动中不可分割的一部分。交易成本成功地运用于资源配置活动，成为衡量资源配置是否有效的标准。在配置过程中，无论是通过价格机制还是等级机制产生的成本，都可以通过比较其大小来决定配置的方式。将地方政府看成在交易成本理论下的运行主体，地方政府自身的运行以及与外界发生联系时，同样会因为价格机制及等级机制而产生相应的交易成本，因此，交易成本理论可以用来解释地方政府的行为，尤其是在财政体制变革下的地方政府行为。

在计划经济时期，政府的目标单一，掩盖了政府对交易成本探究的意义。随着财政体制的不断变革，财政分权的特征表现为经济上的分权始终伴随着垂直的政治管理体制，地方政府在拥有相对独立的财政自主权的同时，又受到来自中央政府的政治激励。地方政府肩负着多重使命，其行为表现为"道德人"的特征，呈现多样性。一方面要代表中央政府的利益；另一方面又要为地方经济利益着想，多重利益的考虑使地方政府在处理与中央政府之间的关系时不可能是纯粹的上下级关系，其行为过程为多重博弈关系。地方政府在多重利益函数下寻求最佳决策，既要遵循中央政府的决策方针，获取上级的信任，同时又要根据地方的特殊性，发挥主观能动作用，使地方发展得到最大化满足。在决策的过程中所产生的一切费用，构成地方政府的交易成本，周镇宏、何翔舟（2001）根据政府交易成本的不同影响周期，将政府交易成本划分为当期成本、远期成本和沉淀成本三种。刘澈元（2004）则根据政府交易成本的组成，将其分为政治成本、经济成本和社会文化成本。地方政府为了使交易成本最小化，从而努力改善政府治理水平。政府治理水平的提高是政府质量的有力保证，不同的政府质量对经济发展无疑是至关重要的（奥尔森，2005）。分权下地方政府承担着供给地方公共品及公共服务的主要职责，而提供公共品及公共服务所产生的成本，诸如搜集居民需求信息、筹措公共资金以及监督管理公共品及公共服务等成本，都将被纳入交易成本中。在公共教育领域则变现为地方政府为提供公共教育所产生的成本，为了顺应财政分权改革及地方发展的需要，地方政府会朝着交易成本最小化不断努力，从而不断提升政府治理水平，改善政府治理结构，而政府治理水平的提高可能改善公共教育的供给，顺应社会改革发展的潮流。

第二节 理论模型分析

本章前半部分运用新制度经济学的理论框架对财政分权下地方政府行为对公共教育供给的传导机制做了详细分析，可以看出地方政府行为表现为制度化的特点，呈现"经济人"和"道德人"的双重特征。随着财政分权的确定和发展，地方政府在其导向下产生自主积极性，其行为随之变迁，从而影响公共教育供给。主要表现为地方政府的财政竞争行为——地方政府"经济人"特征，及政府治理行为——地方政府"道德人"特征，且地方政府竞争恶化了公共教育供给，而地方政府治理对公共教育供给起到改善的作用。在此分析基础上，本章后半部分通过构建理论模型进一步分析这一传导机制。

一 模型的设立

本章主要参考 Cai 和 Treisman（2005）的理论模型。他们构建了中央和地方两级政府间的博弈模型，讨论了在资本流动与不流动情形下，竞争效应与两极分化效应对投资基础设施的影响。本章对其进行一定的修改，将其运用于财政分权下地方政府行为对诸如公共教育等公共品及公共服务的影响。

假设地区 i 的生产函数为：

$$F_i = f(I_i, K_i, A_i) \quad (3-1)$$

其中，I_i 表示地区 i 对基础设施等经济建设类投资总量；K_i 表示地区 i 的资本总量，包括国内和国外的资本；A_i 表示地区 i 的经济发展水平，值越大，其经济发展水平越高。

假设地区 i 所在政府的效用函数为：

$$U_i = (1 - t_i)F_i + cV(E_i) \quad (3-2)$$

其中，t_i 表示产出税率，因为在各地方的税率都相同，故 t_i 为常量 t；$V(E_i)$ 表示公共教育等公共品及公共服务带来的效用总和，$V(E_i)$ 满足 $\partial V(E_i)/\partial E_i > 0$，$\partial^2 V(E_i)/\partial E_i^2 < 0$；$c$ 表示地方政府对诸如公共教育等公共品及公共服务的重视程度，c 满足 $c > 0$。

为了便于分析，将模型形式具体化，其中生产函数为 C-D 函数形式：

$$F_i = f(I_i, K_i, A_i) = A_i K_i^\alpha I_i^\beta \quad (3-3)$$

其中 $\alpha > 0$，$\beta > 0$，因还存在诸如土地、劳动力等其他固定生产要素，故 $\alpha + \beta < 1$，$A_i > 0$。

公共教育等公共品及公共服务产生的效用函数为：

$$V(E_i) = E_i \qquad (3-4)$$

则地区 i 所在政府 i 的效用函数为：

$$U_i = (1-t)A_i K_i^{\alpha} I_i^{\beta} + cE_i \qquad (3-5)$$

二 模型的推导与求解

财政分权下，地方政府获得相对独立的财政自主权，从新制度经济学理论分析中可知，地方政府具备"经济人"和"道德人"双重特征，拥有考虑公共利益和自身利益的效用函数。地方政府 i 为了最大化其效用，选择最佳的 I_i 和 E_i 的组合：

$$\max_{I_i, E_i} U_i = (1-t)f(I_i, K_i, A_i) + cE_i \qquad (3-6)$$

$$s.t. \ I_i + E_i = tf(I_i, K_i, A_i) \qquad (3-7)$$

从而得到一阶条件：

$$\frac{\partial U_i}{\partial I_i} = 0 \qquad (3-8)$$

$$\frac{\partial U_i}{\partial E_i} = 0 \qquad (3-9)$$

可得：

$$\frac{\partial f(I_i, K_i, A_i)}{\partial I_i} + \frac{\partial f(I_i, K_i, A_i)}{\partial K_i} \frac{\partial K_i}{\partial I_i} = \frac{c}{1-t+ct} \qquad (3-10)$$

令

$$\frac{c}{1-t+ct} = \eta \qquad (3-11)$$

由于财政分权下地方政府具备经济人的特征，为了夺取资本而展开财政竞争，则资本在地区间流动的均衡条件为：

$$(1-t)\frac{\partial f(I_i,K_i,A_i)}{\partial K_i} = r \qquad (3-12)$$

其中，r 为资本税前实际收益率，将其视为地方政府财政竞争的筹码。

由式（3-3）和式（3-12）可得：

$$K_i(I_i,r,A_i) = \left(\frac{1}{r}(1-t)\alpha A_i I_i^\beta\right)^{\frac{1}{1-\alpha}} \qquad (3-13)$$

由式（3-3）、式（3-10）和式（3-11）可得：

$$I_i(K_i,A_i) = (1-\alpha)^{-\frac{1}{1-\beta}}\left(\frac{1}{\eta}\beta A_i K_i^\alpha\right)^{\frac{1}{1-\beta}} \qquad (3-14)$$

进一步，由式（3-13）和式（3-14）可得：

$$I_i(r,A_i) = (r^{-\alpha}A_i B)^{\frac{1}{1-\alpha-\beta}} \qquad (3-15)$$

$$K_i(r,A_i) = (r^{\beta-1}A_i c)^{\frac{1}{1-\alpha-\beta}} \qquad (3-16)$$

其中：

$$B = (1-t)^\alpha \alpha^\alpha (1-\alpha)^{\alpha-1}\beta^{1-\alpha}\eta^{\alpha-1} \qquad (3-17)$$

$$c = (1-t)^{1-\beta}\alpha^{1-\beta}(1-\alpha)^{-\beta}\beta^\beta\eta^{-\beta} \qquad (3-18)$$

故

$$\begin{aligned}E_i(r,A_i) &= tf(I_i,K_i,A_i) - I_i \\ &= tA_i K_i^\alpha I_i^\beta - I_i \\ &= tA_i((r^{\beta-1}A_i c)^{\frac{1}{1-\alpha-\beta}})^\alpha ((r^{-\alpha}A_i B)^{\frac{1}{1-\alpha-\beta}})^\alpha - (r^{-\alpha}A_i B)^{\frac{1}{1-\alpha-\beta}} \\ &= r^{\frac{-\alpha}{1-\alpha-\beta}}A_i^{\frac{1}{1-\alpha-\beta}}\alpha^{\frac{\alpha}{1-\alpha-\beta}}(1-t)^{\frac{\alpha}{1-\alpha-\beta}}(1-\alpha)^{\frac{-\beta}{1-\alpha-\beta}}\beta^{\frac{\beta}{1-\alpha-\beta}} \\ &\quad (1-t(1-c))^{\frac{\beta}{1-\alpha-\beta}}\left(\left(1+\frac{\beta}{1-\alpha}(1-c)\right)t - \frac{\beta}{1-\alpha}\right) \qquad (3-19)\end{aligned}$$

三 模型的进一步扩展分析

根据以上的求解，可以得出如下结论。

结论1：r 与 E_i 呈负向关系，E_i 随 r 的增大而减小。

证明：$E_i(r, A_i) = r^{\frac{-\alpha}{1-\alpha-\beta}} A_i^{\frac{1}{1-\alpha-\beta}} \alpha^{\frac{\alpha}{1-\alpha-\beta}} (1-t)^{\frac{\alpha}{1-\alpha-\beta}} (1-\alpha)^{\frac{-\beta}{1-\alpha-\beta}} \beta^{\frac{\beta}{1-\alpha-\beta}}$

$(1-t(1-c))^{\frac{\beta}{1-\alpha-\beta}} \left(\left(1 + \frac{\beta}{1-\alpha}(1-c)\right)t - \frac{\beta}{1-\alpha} \right)$

因为 $\frac{-\alpha}{1-\alpha-\beta} < 0$，故 $E_i(r, A_i)$ 随 r 的增大而减小。

r 为资本税前实际收益率，可以将其看作地方政府为了争夺资本的筹码，财政分权下的地方政府作为"经济人"，为谋求自身利益最大化而夺取更多的资本，竞相开展财政竞争，又因受到政绩考核制度的影响，会将资本投入在更能反映政绩的基础设施等经济建设类，而缺失对公共教育等公共品及公共服务的供给。当 r 增加时，E_i 随着 r 的增大而减小，是 r 的减函数，即资本税前实际收益率提高，地方政府则会积极加大对基础设施等经济建设类的投资，而投资公共教育等公共品及公共服务随之减少。

结论2：c 与 E_i 呈正向关系，E_i 随 c 的增大而增大。

证明：$E_i(r, A_i) = r^{\frac{-\alpha}{1-\alpha-\beta}} A_i^{\frac{1}{1-\alpha-\beta}} \alpha^{\frac{\alpha}{1-\alpha-\beta}} (1-t)^{\frac{\alpha}{1-\alpha-\beta}} (1-\alpha)^{\frac{-\beta}{1-\alpha-\beta}} \beta^{\frac{\beta}{1-\alpha-\beta}}$

$(1-t(1-c))^{\frac{\beta}{1-\alpha-\beta}} \left(\left(1 + \frac{\beta}{1-\alpha}(1-c)\right)t - \frac{\beta}{1-\alpha} \right)$

对 c 求偏导得：

$\frac{\partial}{\partial c} E_i(r, A_i) = r^{\frac{-\alpha}{1-\alpha-\beta}} A_i^{\frac{1}{1-\alpha-\beta}} \alpha^{\frac{\alpha}{1-\alpha-\beta}} (1-t)^{\frac{\alpha}{1-\alpha-\beta}} (1-\alpha)^{\frac{-\beta}{1-\alpha-\beta}} \beta^{\frac{\beta}{1-\alpha-\beta}}$

$(1-t(1-c))^{\frac{\beta}{1-\alpha-\beta}-1} \left(t\frac{\beta}{1-\alpha-\beta} - t\frac{\beta}{1-\alpha}(1-t(1-c)) \right)$

$(3-20)$

因为 $\left(1-t(1-c)\right)<1$，$\dfrac{\beta}{1-\alpha-\beta}>\dfrac{\beta}{1-\alpha}$，

故 $\left(t\dfrac{\beta}{1-\alpha-\beta}-t\dfrac{\beta}{1-\alpha}\left(1-t(1-c)\right)\right)>0$ （3-21）

又 $r^{\frac{-\alpha}{1-\alpha-\beta}}A_i^{\frac{1}{1-\alpha-\beta}}\alpha^{\frac{\alpha}{1-\alpha-\beta}}(1-t)^{\frac{\alpha}{1-\alpha-\beta}}(1-\alpha)^{\frac{-\beta}{1-\alpha-\beta}}\beta^{\frac{\beta}{1-\alpha-\beta}}$

$\left(1-t(1-c)\right)^{\frac{\beta}{1-\alpha-\beta}-1}>0$ （3-22）

故 $\dfrac{\partial}{\partial c}E_i(r,A_i)>0$ （3-23）

因此，E_i 随着 c 的增大而增大，是 c 的增函数。c 表示地方政府对诸如公共教育等公共品及公共服务的重视程度，表明地方政府对公共教育等公共品及公共服务愈加重视，则对其的投入也随之增加。财政分权下的地方政府具备"道德人"的特征，地方政府为使交易成本最小化而不断努力提高政府治理的水平，从而保证政府质量。也可以将其理解为，在一定程度上反映了地方政府作为道德人对地方政府的治理水平，即地方政府治理水平的提高和改善，能够促进公共教育等公共品及公共服务的供给。

第三节 小结

本章首先基于新制度经济学的理论框架，对财政分权下地方政府的行为特征及地方政府行为对公共教育供给的传导机制进行了详细的分析。财政分权下地方政府在新制度经济学的框架下表现为"经济人"和"道德人"特征。分权下地方政府作为经济人主要表现为积极参与财政竞争，从产权制度变革下权利束的重组与重配的角度上看，财政分权下的地方政府作为未能获取完整产权的产权主

体，出于对权利的争取，会积极参与财政竞争，增强地方财力，形成增长而竞争的局面，而公共教育供给在此格局下往往被忽视；从公共选择的角度上看，地方政府官员作为理性的经济人，在政绩考核制度的影响下，为了谋求自身利益最大化，会通过财政竞争争夺资本，并将其投入经济建设，以最大限度地符合政绩考核标准，造成公共教育供给的缺失；从制度变迁的负外部效应角度上看，在财政体制不断变革的过程中，作为制度主体的地方政府，在取得利益保障的制度下，会更加刺激其开展财政竞争而追逐利益的动机，从而忽略了供给公共教育等地区福利最大化的目标。分权下地方政府作为"道德人"主要表现在政府治理上，地方政府一方面作为中央政府的利益代表，另一方面又要兼顾地方经济利益。因此地方政府在多重博弈关系中寻求最佳决策时，需要考虑地方政府的交易成本，为使交易成本最低，地方政府会努力改善政府治理水平，提高政府治理质量，从而能够改善公共教育等公共品及公共服务的供给。

其次，本章设立了一个理论模型对财政分权下地方政府的行为进行分析，在考虑地方政府具备"经济人"和"道德人"特征的基础上，设立了考虑地方政府自身利益和公共利益的地方政府效用函数，并对其求解最佳组合。在对模型的进一步扩展分析中，可以得出在财政分权下，地方政府竞争对公共教育等公共品及公共服务的供给有负向影响，而地方政府治理水平的提高则能够改善公共教育等公共品及公共服务的供给。

第四章 财政分权下地方政府行为对公共教育供给的影响

公共教育能够提高全社会的人力资本积累，并提升劳动生产力、推动经济增长；同时，公共教育内生化教育的外部性，可在一定程度上减轻居民收入差异对教育投入的负面影响，优化私人的教育投资决策。中国财政性教育经费从2000年的2562.61亿元增长到2011年的18586.7亿元，增长了6倍多，逐年增长幅度平均近20%。公共教育支出规模如此庞大，且增长迅速，引起社会各界的关注。社会公众的焦点不再局限于一个国家在教育事业上的投入量，而是开始探究在政策框架内如何更加广泛地为教育事业筹集资源和高效地使用这些资源（王善迈，1989；闵维方，2003）。财政分权下，各地方政府承担起供给公共教育的主要责任。在财政资金相对有限的形势下，如何提高公共教育供给的效率，使教育资源在有限的资金条件下得到充分有效的运营，成为政府和公众密切关注的问题。因此，对公共教育供给效率进行有效测度，是提高教育经费使用效率、合理有效配置公共教育资源的重要手段。

在得到公共教育供给效率后，分析财政分权下地方政府行为对其的影响。根据前文的分析可知，随着财政分权的确定和发展，地方政府在其导向下产生自主积极性，其行为随之变迁，从而影响公共教育供给，主要表现为地方政府的财政竞争行为及政府治理行为。其中，财政竞争与公共教育供给呈负向关系，即地方政府间的财政竞争使公共教育供给恶化，而政府治理则能够改善公共教育供给。本章首先运用 DEA 方法对公共教育供给的效率进行测算，且得到导致公共教育供给无效率的来源，进而对无效率来源的效率进一步测算，从而更加透彻地分析公共教育供给。在得到公共教育供给效率的基础上，运用系统 GMM 分析方法回归分析财政分权下地方政府行为对公共教育供给的影响，通过省级面板数据对以上分析进行实证检验。

第一节 公共教育供给效率测算

国内外众多学者对公共教育供给效率进行了大量研究。早期研究主要是基于典型的参数方法对教育支出效率及公平进行评价与分析。Levin（1974，1976）运用 Aigner 和 Chu（1968）的非随机参数线性规划模型估计生产边界的系数，发现运用最小二乘法（OLS）的参数估计不能够正确地反映学校的有效投入与产出间的关系。Klitgaard 和 Hall（1975）则运用 OLS 估计得出，较小的教学规模、较高的报酬和更有经验的教师能够提高教学质量，其研究进一步表明投入和产出之间的关系体现的是平均特征，而非个体特征。国内学者对此也进行了大量的研究。吴建南和李贵宁（2004）根据绩效评价一般原理及教育财政支出的基本理论，构建了财政教育支出绩效评价模型，并从总体状况、目标达成、合规性、直接影响以及间接影响等五个方面构建了一种通用指标体系，为教育财政支出绩效评价的实施奠定了基础。丛树海和周炜（2007）基于中国教育体系的构成，按国际、国家和理论三种标准对其中的小学、中学、高中和高校组成的简化体系进行了经济性评价、效率性评价、有效性评价和综合评价的绩效评估，表明中国公共教育绩效在过去几年取得不断进步的同时也有不足之处，有必要通过调整教育政策和教育支出政策予以不断完善。申玲（2009）从当前中国公共教育支出的现实情况出发，提出了公共教育支出绩效评价指标体系，并运用 AHP 法确定中国公共教育支出评价指标的各项权重对中国公共教育支出的绩效进行评价。

但上述方法并不能评价多投入和多产出的情况，且存在一些不足。一是国内的研究大多偏重于指标体系的设计、方法思路的运用和理论基础的研究，其中定性研究方法居多，这导致如目标 - 效果法等方法得出的结论的客观性不强，其实际可操作性有待商榷；二是由于公共部门具有多投入、多产出的特性，且绩效或产出较私营部门清晰度更低，容易使用单一的指标对其效率进行衡量，准确度和可信度较低。而基于非参数的 DEA 方法可以有效地解决这一问题。O'Donoghue et al.（1997）、Bosker et al.（1999）、De Witte et al.（2008）对教育效率的参数方法和非参数方法研究进行了对比。①

Charnes et al.（1978）作为构建 DEA 模型的集大成者，同时也最早将 DEA 方法应用于公共教育领域。Bessent and Bessent（1980）以及 Bessent et al.（1982）对此做了进一步的改进，通过引入非参数形式的生产函数分析多产出及识别无效率来源。Ray（1991）以及 McCarty and Yaisawarg（1993）在前人研究的基础上进一步扩展，他们认为可控制的投入量在第一阶段的 DEA 模型中是有效率的，然而环境等不可控制的变量可作为解释变量在第二阶

---

① 非参数模型虽然不考虑残差量的影响，但其并不需要进行特定模型的构建，具有一定的合理性，而 DEA 作为非参数模型中的主流方法，也成为本书的技术模型选择。

段使用 Tobit 或 OLS 模型，通过残差分析每个单位的效率值。Kalyan et al.（2001）在试图整合参数和非参数的动机下，使用二阶段 DEA 方法估计了美国犹他州 40 个教学区的技术效率。Laurens et al.（2010）则基于 DEA 方法对教育效率和教育公平问题进行了研究，并考虑了外部环境因素的影响。目前，国内学者已开始关注并使用 DEA 方法对中国公共教育支出效率进行评价，但尚不广泛。其中比较有代表性的有廖燕等（2008）运用基于 CCR 的数据包络分析法分析了 2000~2007 年中国公共教育支出效率，实证分析结果表明 2002~2006 年，现有投入水平没有得到足够高的产出，而在产出方面，教育支出对于经济拉动作用不明显。胡敏和卢振家（2010）运用 DEA 模型，以各级教育毛入学率、生均预算内教育事业费支出分别作为产出、投入指标，分析了广东省 2000~2007 年教育财政支出效率，得出的结论是广东省教育财政支出效率总体不高，对提高各级各类教育毛入学率作用不明显，但有逐步改善的趋势。

借助可以处理多投入、多产出问题的 DEA 模型的研究方法主要还是径向的（Radial）和角度的（Oriented）DEA，在测度上存在一定的偏差。Chambers（1996）构造的方向性距离函数顺利解决了角度性（Oriented）问题，Chung et al.（1997）则首次将这种新方法应用于包含"坏"产出的实证研究中。但径向性（Radial）问题直到 Tone（2001）提出的 SBM（Slack Based Measurement）后才得到有效的解决。Fukuyama and Weber（2009）整合了 Chambers（1996）提出的方向性距离函数和 Tone（2001）构建的 SBM 模型，提出了一个更普遍的模型，即 SBM 方向性距离函数。SBM 方向性距离函数一方面实现了非角度（Non-oriented）和非径向（Non-radial），提高了技术效率测度的精确度；另一方面，这种模型还可以分解无效率值，从而追溯导致无效率产生的根源究竟何在，为进一步提高决策单位的技术效率提供了科学的依据。王兵和朱宁（2010）较早使用 SBM 方向性距离函数对中国银行业绩效进行实证分析，而在公共教育领域尚缺少相关研究，为此，本章将借助 SBM 方向性距离函数对中国公共教育供给的效率进行测算。

一 SBM 方向性距离函数

本章利用中国大陆 31 个省份在 2005～2011 年的投入产出数据构建最优的生产前沿面来估计其公共教育支出的技术效率。Färe 等（2007）提出了一个既包含"好"产出又包含"坏"产出的生产可能性集。假设每个决策单位（DMU）使用 n 种投入 $x(x = 1, 2, \cdots, n) \in R^+$，得到 m 种"好"产出 $y(y = 1, 2, \cdots, m) \in R_m^+$ 和 L 种"坏"产出 $b(b = 1, 2, \cdots, L) \in R_L^+$，并且每个决策单位的投入与产出值可表示为 $(x^{k,t}, y^{k,t}, b^{k,t})$，其中 $t = 1, \cdots, T$ 代表每一时期，而 $k = 1, \cdots, K$ 则代表每个决策单位。生产可能性集在满足闭集和凸性，"好"产出和投入具有强可处置性，而"坏"产出具有弱可处置性和零结合的假设下，运用 DEA 方法可将其表示为：

$$T = \{(x^t, y^t, b^t) : \sum_{k=1}^{K} \lambda_k^t x_{kn}^t \leq x_n^t, \forall n; \sum_{k=1}^{K} \lambda_k^t y_{km}^t \geq y_m^t, \forall m;$$

$$\sum_{k=1}^{K} \lambda_k^t b_{kl}^t = b_l^t, \forall l \quad (4-1)$$

$$\sum_{k=1}^{K} \lambda_k^t = 1, \lambda_k^t \geq 0, \forall k\}$$

其中，凸性约束 $\sum_{k=1}^{K} \lambda_k^t = 1$ 表示此时的生产前沿面是在规模报酬可变（VRS）假设下构造的。VRS 假设下估计的效率值是在剔除了规模效率后的纯效率值；如果需要同时考虑规模效率的影响，则可以排除上述约束条件而运用规模报酬不变（CRS）假设来构造前沿面①。

Tone（2001）构建的 SBM 模型为经典 DEA 模型所具有的径向性（Radial）问题的解决提出了建设性的意见，SBM 模型与 CCR、BCC 等模型具有密切关系——当且仅当一个 DMU 是 SBM 的有效值时，那它也是 CCR 和 BCC 下的有效值。但 Tone（2001）的模型并没有妥善处理好角度性（Oriented）问题，为此整合 Chambers（1996）的方向性距离函数成为一条有效的途径。

根据 Fukuyama 和 Weber（2009）设定的 SBM 模型形式，本章定义 SBM 方向性距离函数如下：

$$\vec{S}_V^t(x^{t,k'}, y^{t,k'}, b^{t,k'}; g^x, g^y, g^b) = \max_{s^x, s^y, s^b} \frac{\frac{1}{N}\sum_{n=1}^{N}\frac{s_n^x}{g_n^x} + \frac{1}{M+L}\left(\sum_{m=1}^{M}\frac{s_m^y}{g_m^y} + \sum_{l=1}^{L}\frac{s_l^b}{g_l^b}\right)}{2} \quad (4-2)$$

$$s.t. \sum_{k=1}^{K}\lambda_k^t x_{kn}^t + s_n^x = x_{k'n}^t, \forall n; \sum_{k=1}^{K}\lambda_k^t y_{km}^t - s_m^y = y_{k'm}^t, \forall m; \sum_{k=1}^{K}\lambda_k^t b_{kl}^t + s_l^b = b_{k'l}^t, \forall l;$$

$$\sum_{k=1}^{K}\lambda_k^t = 1, \lambda_k^t \geq 0, \forall k; s_n^x \geq 0, \forall n; s_m^y \geq 0, \forall m; s_l^b \geq 0, \forall l$$

规划求解式（4-2）中，$x^{t,k'}$、$y^{t,k'}$、$b^{t,k'}$ 代表每个省 k' 的投入和产出量，g^x、g^y、g^b 则分别代表投入量减少、"好"产出增加和"坏"产出减少的方向向量，而 s_n^x、s_m^y、s_l^b 则是各投入、产出的松弛变量。只有当松弛变量各元素皆为零时，才表示其观测点处于有效的边界上，反之则存在有待改进的地方。当 s_n^x、s_m^y、s_l^b 均大于零时，表示现实的投入和"坏"产出都大于技术边界上的投入和"坏"产出，而现实的"好"产出则小于技术边界上的"好"产

---

① Coelli et al.（2005）认为，由于 VRS 假设可以在不考虑规模效率（SE）的情况下直接计算出技术效率（TE），所以 VRS 的数据包络比 CRS 的锥包络更紧凑，因此计算出的 TE 值也就大于或等于在 CRS 假设下得到的值。

出。由于松弛变量可以测度出观测点距离最优点的偏离程度，所以 s_n^x、s_m^y、s_l^b 中的松弛变量越大，代表着投入冗余量、"好"产出生产不足量和"坏"产出生产过度量越大。

SBM方向性距离函数与传统的方向性距离函数一样，其值越大代表的效率水平就越低。按照Cooper等（2007）的思路，为了进一步研究无效率的来源，可以将无效率分解为：

投入无效率：

$$IE_x = \frac{1}{2N} \sum_{n=1}^{N} \frac{s_n^x}{g_n^x} \quad (4-3)$$

"好"产出无效率：

$$IE_y = \frac{1}{2(M+L)} \sum_{m=1}^{M} \frac{s_m^y}{g_m^y} \quad (4-4)$$

"坏"产出无效率：

$$IE_b = \frac{1}{2(M+L)} \sum_{l=1}^{L} \frac{s_l^b}{g_l^b} \quad (4-5)$$

二 投入产出指标选取及数据说明

公共教育供给效率，即政府将其有限的公共资源向社会和公民提供多种的教育产品组合是否有效。近年来，国内学者大多从理论研究等定性分析对公共教育支出效率的评价指标体系进行了大量尝试性研究。朱志刚（2003）按照教育经费投入、使用的各个基本属性，将公共教育供给效率评价指标分解为教育投入的努力程度评价指标、教育投入的进步程度评价指标、教育资源配置的合理性评价指标和教育投入利用效率评价指标四大类；吴建南和李贵宁（2004）基于公平和效率的原则，将指标体系按类别进行分解，设计了教育财政支出总体情况指标、教育财政支出目标达成情况指标、教育财政支出合规性情况指标、教育财政支出直接影响指标和教育财政支出间接影响指标；成刚和袁佩琦（2007）选择逻辑分析法，以社会公众的满意度以及效率来评价，设计开发出三级指标的绩效评价指标体系；李玲（2001）从宏观效益方面对教育经费支出绩效进行了分析，重点以规模效益及结构效益对公共性的宏观效益进行评价；廖楚晖（2003）强调将教育领域的公平和效率两个基本目标综合考虑以作为评价教育支出整体绩效的依据。

本章将运用 DEA 方法对公共教育供给效率进行测度。按照前人的研究经验，通常是将诸如教育规模、教育质量、公民受教育机会、科研技术及社会服务等各项教育产品的投入及产出数据纳入公共教育支出效率的模型中进行测算分析，但数据的可得性及口径一致等问题使之未能实现。因此，本章根据研究内容需要选取了投入产出指标，其中投入变量选择了预算内教育经费，而产出变量包括文盲半文盲占 15 岁及以上人口比例、学龄儿童入学率、中等职业教育毕业生人数、本专科毕业生人数和研究生毕业生人数。虽然这可能在一定程度上影响到评价的结果，但对教育主体部分的评价并无太大影响。

本章样本包括大陆地区的 31 个省、自治区及直辖市。[①] 投入产出数据主要来源于 2005～2011 年各年《中国统计年鉴》及各省份的《中国教育统计年鉴》，所有数据以 2005 年为基期消除价格因素影响。对于在整理过程中发现缺失的数据，本章采取了线性插值法来进行弥补。

[①] 其中，东部地区包括北京、天津、辽宁、河北、山东、江苏、上海、浙江、福建、广东、海南 11 个省份；西部地区按照西部大开发战略实施的地区进行划分，即重庆、云南、四川、贵州、西藏、广西、新疆、青海、宁夏、甘肃、陕西、内蒙古，共 12 个省份；其他地区为中部地区。

表4-1　中国公共教育供给2005~2011年投入产出指标描述性统计

单位：万元,%

地区	指标	最小值	最大值	平均值	标准差	变异系数
东部地区	预算内教育经费	199132.57	7992605.19	2778913.17	1630597.87	0.5868
	文盲率	1.70	12.92	5.76	2.93	0.5096
	学龄儿童入学率	81.60	100.00	99.62	2.09	0.0209
	中等职业教育	12598.00	439337.00	171810.06	122154.19	0.7110
	本专科教育	11788.00	478868.00	196281.83	116641.37	0.5943
	研究生教育	143.00	60249.00	16331.75	14337.98	0.8779
中部地区	预算内教育经费	739880.36	4738427.04	1891376.48	865697.02	0.4577
	文盲率	1.92	19.24	6.63	3.81	0.5742
	学龄儿童入学率	98.40	99.93	99.64	0.33	0.0033
	中等职业教育	52454.00	529025.00	205611.96	114820.70	0.5584
	本专科教育	83982.00	432994.00	203135.70	82453.25	0.4059
	研究生教育	1772.00	25709.00	9751.00	6196.43	0.6355
西部地区	预算内教育经费	166023.84	4541564.32	1330105.52	934144.86	0.7023
	文盲率	2.36	45.65	12.76	9.20	0.7206
	学龄儿童入学率	95.90	99.99	99.03	0.91	0.0092
	中等职业教育	2197.00	340512.00	90980.17	74240.43	0.8160
	本专科教育	3172.00	289165.00	84495.26	71751.47	0.8492
	研究生教育	17.00	22465.00	5351.11	5967.29	1.1152
全国	预算内教育经费	166023.84	7992605.19	1989042.68	1362130.08	0.6848
	文盲率	1.70	45.65	8.70	7.06	0.8119
	学龄儿童入学率	81.60	100.00	99.40	1.40	0.0141
	中等职业教育	2197.00	529025.00	149244.14	114238.91	0.7654
	本专科教育	3172.00	478868.00	154778.35	107878.23	0.6970
	研究生教育	17.00	60249.00	10382.92	10879.24	1.0478

表4-1为2005~2011年中国公共教育供给各项投入产出指标的描述性统计。可以发现，在平均值上，东部地区的投入指标预算内教育经费明显高于中、西部地区，而西部地区最低；而在产出指

标——文盲率方面，呈现出西高东低的趋势；学龄儿童入学率、中等职业教育及本专科教育毕业生人数中部地区最高，东部次之，西部最低；研究生教育毕业生人数表现为东高西低的趋势。而变异系数显示中部地区投入指标变动幅度并不大，在产出指标方面变化幅度也不明显；东部和西部地区研究生教育毕业生人数波动较大，其余指标波动都不明显，另外，三个地区的学龄儿童入学率变动最小。

三 效率测算结果分析

本章分别测算了在 CRS 和 VRS 假设下的公共教育供给的无效率值，并对总的无效率值进行了分解，从而得到产生无效率值的来源。CRS 和 VRS 假设的区别在于，前者是假设所有省份都处在最优规模的效率上，后者则放松了这一假设条件。当两种假设下测算的效率值出现差异时，一般应以 VRS 假设下得到的结果为主（Zheng et al.，1998）。通过表 4-2 及表 4-3 的对比观察，可以发现，两种假设条件下测算得到的效率值有明显的差异。究其原因，主要归结为规模效率的差异。因此，本章将主要基于 VRS 假设下测算的结果对公共教育供给的无效率值进行分析；同时作为对照，本章对 CRS 假设下的效率值也进行了简单分析。另外，通过计算发现，由于西藏的无效率值较为异常，暂且把西藏剔除后重新计算各省公共教育供给的无效率值，但所得结果的排位次序与原结果基本保持一致，所以本章仍保留西藏作为研究样本。

首先，对在 CRS 假设下公共教育供给的无效率值的测算结果进行简要分析。从表 4-2 中可以看出，全国公共教育供给的无效率值为 64.06%，而很大程度上是由西部地区的无效率值过高造成的。分别看各项投入产出指标，可以得出全国公共教育供给必须通过合理缩减 0.98% 的预算内教育经费，降低 0.55% 的文盲率，提高 1.38% 的学龄儿童入学率,在提高 6.42% 的中等职业教育毕业生人数的同时,提高 9.61% 的本专科毕业生人数及 45.12% 的研究生毕业生人数,才能使总的公共教育供给效率达到完全有效。从各项指标的占比上看,研究生毕业生人数无效率值占总体的 70.43%,其无效率影响最大;其次为本专科毕业生人数,其无效率影响比重为 15.00%;中等职业教育毕业生人数 10.02% 的无效率影响比重也是不容忽视的。若把公共教育供给无效率值分地区比较,可以看出中部地区公共教育支出效率优于东部地区,而东部地区优于西部地区。研究生教育毕业生数的无效率影响是导致西部地区与中东部地区之间差距的主要原因,也是东部与中部地区之间的效率差距的主要体现,虽然东部地区文盲率的无效率值要低于中部地区,但总体上中部地区公共教育供给的效率要优于东部地区。在省际的比较中可以发现,无效率总值最小的是北京,辽宁和湖北分别排在第 2 位和第 3 位,在无效率总值较低的前 10 个省份中,东部和中部地区各占一半,而无效率总值最大的是西藏,在无效率总值较高的前 10 个省份中,8 个来自西部地区,2 个来自东部地区。

表 4-2　2005~2011 年 CRS 假设下中国公共教育供给的无效率值及其分解值

省份	CRS 假设下公共教育支出无效率值						
	总值	预算内教育经费	文盲率	学龄儿童入学率	中等职业教育	本专科教育	研究生教育
北京	0.0075	0.0062	0.0000	0.0002	0.0009	0.0002	0.0000
辽宁	0.0131	0.0015	0.0000	0.0000	0.0075	0.0000	0.0041
湖北	0.0179	0.0015	0.0000	0.0068	0.0012	0.0000	0.0084
天津	0.0278	0.0000	0.0000	0.0000	0.0229	0.0044	0.0004
广东	0.0335	0.0212	0.0000	0.0048	0.0000	0.0000	0.0076

续表

省份	CRS假设下公共教育支出无效率值						
	总值	预算内教育经费	文盲率	学龄儿童入学率	中等职业教育	本专科教育	研究生教育
湖南	0.0772	0.0044	0.0000	0.0083	0.0000	0.0008	0.0638
河北	0.0811	0.0000	0.0000	0.0067	0.0000	0.0019	0.0726
河南	0.0901	0.0000	0.0000	0.0168	0.0000	0.0051	0.0682
吉林	0.0938	0.0430	0.0000	0.0000	0.0044	0.0066	0.0398
黑龙江	0.1040	0.0246	0.0000	0.0000	0.0288	0.0017	0.0489
陕西	0.1108	0.0833	0.0000	0.0000	0.0022	0.0061	0.0192
山东	0.1443	0.0000	0.0000	0.0476	0.0003	0.0002	0.0963
山西	0.1592	0.0000	0.0000	0.0000	0.0000	0.0101	0.1492
江苏	0.1735	0.0456	0.0000	0.0650	0.0063	0.0004	0.0561
江西	0.2278	0.0000	0.0000	0.0000	0.0000	0.0000	0.2278
重庆	0.2772	0.0000	0.0016	0.0012	0.0232	0.0797	0.1715
上海	0.2823	0.0392	0.0000	0.0011	0.1756	0.0536	0.0129
四川	0.3506	0.0131	0.0003	0.0646	0.0034	0.0559	0.2133
安徽	0.5203	0.0000	0.0179	0.0386	0.0090	0.0744	0.3805
福建	0.5879	0.0000	0.0038	0.0170	0.0415	0.1178	0.4078
甘肃	0.6826	0.0000	0.0348	0.0120	0.1157	0.1841	0.3360
广西	0.6939	0.0000	0.0000	0.0043	0.0016	0.0708	0.6172
浙江	0.7277	0.0202	0.0000	0.0642	0.0012	0.0593	0.5827
海南	0.7520	0.0000	0.0000	0.0000	0.0051	0.0248	0.7221
宁夏	0.8275	0.0000	0.0110	0.0000	0.0844	0.2167	0.5155
新疆	1.1318	0.0000	0.0000	0.0016	0.0677	0.1498	0.9126
云南	1.2329	0.0000	0.0178	0.0414	0.1097	0.2927	0.7713
内蒙古	1.2421	0.0000	0.0014	0.0058	0.0780	0.1610	0.9958
贵州	1.6034	0.0000	0.0276	0.0209	0.1690	0.2953	1.0905
青海	1.7444	0.0000	0.0143	0.0000	0.2102	0.4683	1.0516
西藏	5.8398	0.0000	0.0387	0.0000	0.8201	0.6387	4.3423
东部	0.2573	0.0122	0.0003	0.0188	0.0238	0.0239	0.1784
中部	0.1613	0.0092	0.0022	0.0088	0.0054	0.0123	0.1233
西部	1.3114	0.0080	0.0123	0.0127	0.1404	0.2182	0.9197
全国	0.6406	0.0098	0.0055	0.0138	0.0642	0.0961	0.4512

注：表中省份顺序按照无效率总值从低到高排列。

CRS 假设下测算出的结果与 VRS 假设下存在明显的差异,在 VRS 假设下无效率总值最小的是北京、河南、江苏、山东 4 个并列,其中河南、江苏和山东三省的无效率值明显低于在 CRS 假设下的结果。除此之外,上海和浙江的无效率值也明显低于 CRS 假设下的结果,且差异较大。究其原因,应归结于规模效率的影响。VRS 假设是剔除了规模效率后而测算出的纯无效率值,更加符合实际需要。

表 4-3 2005~2011 年 VRS 假设下中国公共教育供给的无效率值及其分解值

省份	VRS 假设下公共教育支出无效率值						
	总值	预算内教育经费	文盲率	学龄儿童入学率	中等职业教育	本专科教育	研究生教育
北京	0.0000	0.0000	0.0000	0.0000	0.0000	0.0000	0.0000
河南	0.0000	0.0000	0.0000	0.0000	0.0000	0.0000	0.0000
江苏	0.0000	0.0000	0.0000	0.0000	0.0000	0.0000	0.0000
山东	0.0000	0.0000	0.0000	0.0000	0.0000	0.0000	0.0000
湖北	0.0052	0.0028	0.0000	0.0000	0.0000	0.0000	0.0024
辽宁	0.0131	0.0023	0.0000	0.0000	0.0077	0.0000	0.0030
广东	0.0212	0.0211	0.0000	0.0000	0.0000	0.0000	0.0000
天津	0.0275	0.0000	0.0000	0.0000	0.0227	0.0044	0.0004
上海	0.0406	0.0000	0.0000	0.0000	0.0341	0.0065	0.0000
河北	0.0630	0.0049	0.0000	0.0001	0.0000	0.0008	0.0573
湖南	0.0689	0.0473	0.0000	0.0001	0.0026	0.0000	0.0190
黑龙江	0.0898	0.0272	0.0000	0.0004	0.0189	0.0017	0.0416
吉林	0.0923	0.0282	0.0000	0.0001	0.0158	0.0086	0.0396
陕西	0.1106	0.0829	0.0000	0.0002	0.0022	0.0061	0.0192
浙江	0.1207	0.0705	0.0182	0.0000	0.0037	0.0015	0.0268
山西	0.1402	0.0000	0.0000	0.0000	0.0000	0.0106	0.1296
江西	0.1600	0.0000	0.0000	0.0000	0.0000	0.0000	0.1600

续表

省份	VRS假设下公共教育支出无效率值						
	总值	预算内教育经费	文盲率	学龄儿童入学率	中等职业教育	本专科教育	研究生教育
重庆	0.1635	0.0221	0.0080	0.0000	0.0078	0.0402	0.0855
四川	0.2430	0.1565	0.0262	0.0004	0.0000	0.0276	0.0323
福建	0.3098	0.0580	0.0343	0.0000	0.0000	0.0436	0.1740
安徽	0.3328	0.0737	0.0356	0.0000	0.0000	0.0497	0.1739
甘肃	0.5843	0.0596	0.0432	0.0008	0.0962	0.1560	0.2286
广西	0.6685	0.0159	0.0011	0.0004	0.0015	0.0701	0.5795
海南	0.6715	0.0000	0.0005	0.0032	0.0061	0.0291	0.6327
宁夏	0.8201	0.0000	0.0084	0.0001	0.0844	0.2170	0.5102
云南	0.9640	0.0593	0.0477	0.0020	0.0311	0.1785	0.6456
内蒙古	1.0481	0.0032	0.0097	0.0001	0.0674	0.1436	0.8242
新疆	1.1091	0.0000	0.0012	0.0004	0.0665	0.1485	0.8925
贵州	1.4690	0.0000	0.0534	0.0016	0.0825	0.1828	1.1487
青海	1.7394	0.0000	0.0130	0.0002	0.2102	0.4678	1.0483
西藏	5.7570	0.0000	0.0515	0.0003	0.8598	0.6299	4.2154
东部	0.1152	0.0143	0.0048	0.0003	0.0068	0.0078	0.0813
中部	0.1112	0.0224	0.0045	0.0001	0.0047	0.0088	0.0708
西部	1.2231	0.0333	0.0220	0.0005	0.1258	0.1890	0.8525
全国	0.5430	0.0237	0.0114	0.0003	0.0523	0.0782	0.3771

在 VRS 假设下，全国公共教育供给的无效率值为 54.30%，可以通过合理缩减 2.37% 的预算内教育经费，降低 1.14% 的文盲率，提高 0.03% 的学龄儿童入学率，同时提高 5.23% 的中等职业教育毕业生人数、7.82% 的本专科毕业生人数及 37.71% 的研究生毕业生人数来消除其无效率。与 CRS 假设下得出的结论一样，西部地区仍然是全国无效率过高的主要来源。

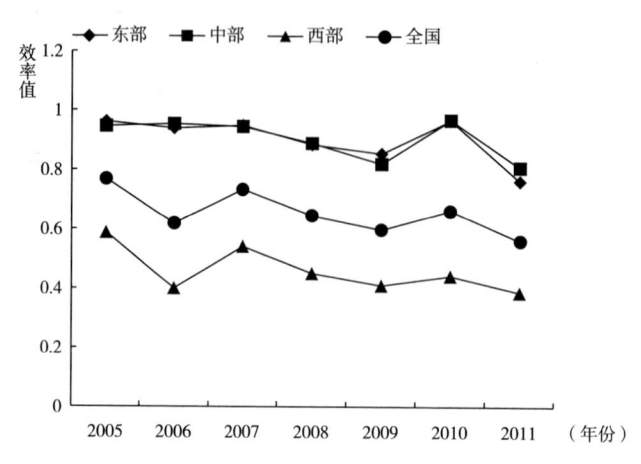

图 4-1　2005~2011 年各地区公共教育供给效率走势

图 4-1 显示了在 VRS 假设下全国及东、中、西部地区 2005~2011 年公共教育供给的效率走势。从图中可以看出，全国及东、中、西部地区的效率变化的趋势总体趋同，整体变化较为平缓，东部和中部地区的效率变化趋势趋同，均呈现先下降后上升再下降的趋势。而西部地区和全国的效率变化趋势趋同，呈现出双谷底双波峰的形状。东部和中部地区的效率值均远高于西部地区，而东、中部地区之间则差距很小。东部和中部地区在 2005~2008 年效率值基本相同且变化不大，呈现逐渐下降的趋势。在图中可以看出在这一区间内，东部和中部地区的效率走势线基本重合，效率值从 2009 年开始出现转折，东部地区显现优势，其效率值高于中部地区，两地区均在 2010 年迎来最高的效率值，且中部地区的效率值也追赶上了东部地区，而 2011 年效率值出现大幅下降，两地区均出现最低的效率值，此时中部地区的效率值仍高出东部地区。西部地区的公共教育供给效率一直低于东、中部地区，也低于全国平均水平，效率值最高是在 2005 年，最低值出现在 2011 年，在 2007 年和 2010 年两度效率值上升，但总体趋势下降，与全国公共教育供给的效率值变化趋势趋同。

研究生教育毕业生人数仍然是影响公共教育供给效率的最主要因素，其无效率贡献比重高达 70.43%，中等职业教育毕业生人数与本专科毕业生人数的影响也较为明显。从地区之间的比较中可以看到，中部地区公共教育供给效率最优，东部地区次之，西部地区最后，中部地区与东部地区间的差异很小，但西部地区与中、东部地区间的差距很大。其中，除预算内教育经费和本专科教育毕业生人数的效率值呈现东高西低外，其余指标的效率值均呈现出中部最优、东部次之、西部最低的趋势。西部地区公共教育供给效率明显低于东中部地区，主要体现在研究生教育毕业生人数上，而中等职业教育毕业生人数及本专科教育毕业生人数的无效率贡献也不容忽视，可以看出西部地区在中、高等教育上还是有明显的劣势。从各省份来看，北京、河南、江苏、山东的公共教育供给效率是最高的，均处在技术边界上，而西藏则是效率最低的省份。预算内教育经费指标上，效率最低的是四川，其无效率值为 15.65%，占其无效率总值的 64.39%，远远高出全国的平均值。文盲率指标无效率值排名前 4 位的是贵州、西藏、云南以及甘肃，均为中国西部地区省份。学龄儿童入学率指标的无效率值相对较低，全国平均值仅为 0.03%，占其公共教育供给无效率总值的 0.06%，表明中国学龄儿童的入学教育得到了切实的保障，初等教育普及状况良好。中等职业教育毕业生人数指标上效率最低的是西藏，其无效率值高达 85.98%，超出西部地区平均值 73.4 个百分点，高于全国平均值 80.75 个百分点，东部及中部地区各省份在中等职业教育上产出良好。本专科教育毕业生人数及研究生教育毕业生人数指标无效率值较高的仍然是西部省份，在全国 592 个贫困县中，西部就有 307 个。许多贫困地区的温饱问题尚未解决，受教育程度严重低下。其中，西藏仍然是无效率值最高的省份，其本专科教育毕业生人数无效率值高达 62.99%，高出西部地区平均值 44.09 个百分点，超过全国均值 55.17 个百分点,研究生毕业生人数指标的无效率值高达 421.54%,高出西部地区平均值 336.29 个百分点,超出全国均值 383.83 个百分点。大多数省份在这两项指标上的趋势基本保持一致,而值得关注的是甘肃、广西和海南,甘肃的本专科教育毕业生人数的无效率值为 15.6%,高于全国平均值 7.78 个百分点,但其研究生教育毕业生人数无效率值为 22.86%,低于全国平均值 14.85 个百分点,而广西和海南则刚好相反,研究生教育毕业生人数无效率值高于全国平均值,但其本专科教育毕业生人数无效率值却低于全国平均值。

四 高等教育供给效率分析

在对公共教育供给效率测算和追溯导致其无效率来源的分解过程中可以看出,无论是全国范围还是东中西部地区,代表高等教育产出的本专科教育毕业生人数和研究生教育毕业生人数均是导致公共教育供给无效率的重要来源,其贡献率占无效率总值的比重高于其他阶段教育产出。因此,进一步对高等教育的效率进行测算并分析导致其无效率产生的原因,对分析公共教育供给有着重要的意义。本节运用测算公共教育供给效率同样的方法,分别测算了在 CRS 和 VRS 假设下的高等教育供给的无效率值,并对总的无效率值进行了分解,从而得到产生无效率值的来源。

近十几年对中国高等教育供给效率的研究有很大的进展,很多学者运用 DEA 的方法对其进行了分析。陈通和白建英(2003)运用 DEA 方法对中国西部地区高等教育投入产出效率进行了测算与分析,发现西部地区的高校大多处于非有效状态。郭新立(2003)及徐建和汪旭辉(2009)分别运用 DEA 中 CCR 模型及

BCC模型对高等教育供给的效率进行了分析，均发现中国高等教育效率不高。傅毓维和邵争艳（2004）运用复合DEA的方法测算了中国区域高等教育资源配置的状况，并分析了导致该状况的原因。王亚雄等（2007）使用2001年和2004年的数据，对教育部直属的72所高校的资源配置效率进行测算。类似的，梁全森和彭新一（2009）运用DEA方法测算了由教育部直属的28所研究型大学的效率。鲁雁飞（2008）运用DEA方法评价了中国高等教育的规模效益，并指出导致其效率较低的主要原因是高校的平均在校人数较低。张茂华和胡永宏（2010）运用基于SBM松弛变量的方法对中国高等教育供给效率进行了分析，发现中国高等教育供给的效率普遍不高，并且区域差异明显。也有学者运用其他方法对高等教育效率进行分析，如丁岚（2012）则运用了描述性趋势分析方法与动态权重分析方法对中国教育部直属的68所高校的资源配置效率进行了分析，并给出了中国高等教育的资源配置效率仍然不高的证据。

对于高等教育而言，教育投入主要来自人、财、物三方面，其中财是人和物的货币表现，可以看成高等教育投入的教育成本。教育产出则可以根据高等教育的职能划分为人才培养的产出、科研产出及社会服务产出。本节按照前人的研究经验及本节研究内容的需要，选取了高等教育供给的投入产出指标，其中投入变量选择了普通高等学校教育经费，而产出变量包括本专科毕业生人数、研究生毕业生人数、出版科技著作数、发表学术论文数[①]、专利授权数。

表4-4为2005~2011年中国高等教育供给各项投入产出指标的描述性统计。可以发现，在平均值上，东部地区的投入指标普通高等学校教育经费明显高于中、西部地区，而西部地区最低；而在

---

① 为了更好地反映学术论文的质量，本书选用发表在国外学术刊物上的论文数。

产出指标——本专科毕业生人数方面，呈现出中部最高、东部次之、西部最低的态势；其余产出指标研究生毕业生人数、出版科技著作数、发表学术论文数及专利授权数均呈现东高西低的趋势。而变异系数显示东部和中部地区的投入指标变动幅度并不大，而西部地区的投入指标及产出指标均波动幅度较大，另外，三个地区的产出指标中发表学术论文数及专利授权数的波动幅度均较大，其余指标波动幅度都不明显。

表4-4　2005~2011年中国高等教育供给各项投入产出指标描述性统计

单位：千元、人

地区	指标	最小值	最大值	平均值	标准差	变异系数
东部地区	普通高等学校教育经费	997144.8	62883981	18819370	12292244	0.65317
	本专科毕业生人数	11303	478868	212281.7	125655.7	0.591929
	研究生毕业生人数	204	60249	17027.26	13746.27	0.80731
	出版科技著作数	21.5	1201	479.3052	298.4207	0.622611
	发表学术论文数	59.5	23226	7057.351	5658.546	0.801795
	专利授权数	3	7942	1447.279	1591.727	1.099807
中部地区	普通高等学校教育经费	3673746	27177355	11121492	5156167	0.463622
	本专科毕业生人数	102484	435308	223012.8	83953.98	0.376454
	研究生毕业生人数	2370	25100	10461.79	6027.548	0.576149
	出版科技著作数	117	1487	475.3839	263.7009	0.554712
	发表学术论文数	537.5	16877	4274.768	3641.576	0.851877
	专利授权数	30.5	2139	497.9375	490.1594	0.984379
西部地区	普通高等学校教育经费	409924	24928825	5944766	5799682	0.975595
	本专科毕业生人数	3846	289165	93217.05	76566.12	0.821375
	研究生毕业生人数	17	22465	5787.619	6186.114	1.068853
	出版科技著作数	1	652	173.0774	188.0467	1.086489
	发表学术论文数	1	11644	1725.482	2534.82	1.46905
	专利授权数	0	2841	255.375	468.2364	1.833525

续表

地区	指标	最小值	最大值	平均值	标准差	变异系数
全国	普通高等学校教育经费	409924	62883981	11849103	10191816	0.860134
	本专科毕业生人数	3846	478868	168961.5	115154	0.68154
	研究生毕业生人数	17	60249	10982.12	10678.6	0.972363
	出版科技著作数	1	1487	359.7535	291.1049	0.809179
	发表学术论文数	1	23226	4275.316	4732.772	1.106999
	专利授权数	0	7942	740.9055	1149.664	1.551701

本章分别测算了在 CRS 和 VRS 假设下的高等教育供给的无效率值，并对总的无效率值进行了分解，从而得到产生无效率值的来源，见表 4-5 及表 4-6。同样，为了作为对照，本节对 CRS 假设下的效率值进行了简单分析，主要基于 VRS 假设下的测算结果对高等教育供给的无效率值进行分析。

表 4-5　2005~2011 年 CRS 假设下中国高等教育供给的无效率值及其分解值

省份	CRS 假设下高等教育供给无效率值						
	总值	普通高等学校教育经费	本专科毕业生人数	研究生毕业生人数	出版科技著作数	发表学术论文数	专利授权数
上海	0.0727	0.0000	0.0432	0.0000	0.0295	0.0000	0.0000
黑龙江	0.1029	0.0000	0.0020	0.0293	0.0214	0.0015	0.0487
山西	0.1535	0.0000	0.0000	0.0288	0.0483	0.0400	0.0366
湖北	0.1668	0.0000	0.0111	0.0596	0.0785	0.0028	0.0148
陕西	0.2097	0.0000	0.0307	0.0367	0.0736	0.0472	0.0215
辽宁	0.2179	0.0000	0.0225	0.0530	0.0230	0.0838	0.0357
浙江	0.2329	0.0000	0.0313	0.0856	0.1082	0.0077	0.0000
河南	0.2386	0.0000	0.0007	0.1028	0.0338	0.0488	0.0524
吉林	0.2584	0.0000	0.0415	0.0169	0.1171	0.0213	0.0615
江苏	0.2667	0.0000	0.0388	0.0712	0.1229	0.0267	0.0073

续表

省份	CRS假设下高等教育供给无效率值						
	总值	普通高等学校教育经费	本专科毕业生人数	研究生毕业生人数	出版科技著作数	发表学术论文数	专利授权数
安徽	0.2751	0.0000	0.0000	0.0798	0.0692	0.0308	0.0953
甘肃	0.2803	0.0000	0.0000	0.0159	0.0370	0.0216	0.2058
山东	0.3533	0.0000	0.0087	0.0917	0.2130	0.0110	0.0290
四川	0.3710	0.0000	0.0275	0.0733	0.1377	0.0295	0.1029
湖南	0.4318	0.0000	0.0012	0.1084	0.1061	0.1038	0.1122
重庆	0.4425	0.0000	0.0724	0.0412	0.2274	0.0541	0.0475
河北	0.4730	0.0000	0.0000	0.1036	0.2218	0.0957	0.0518
云南	0.6624	0.0000	0.0080	0.1096	0.1318	0.2930	0.1200
天津	0.6980	0.0000	0.5168	0.0260	0.1499	0.0000	0.0053
广西	0.7043	0.0000	0.0116	0.0669	0.3418	0.0985	0.1855
北京	0.8011	0.0000	0.5425	0.0011	0.2397	0.0114	0.0064
江西	0.8114	0.0000	0.0047	0.1613	0.2848	0.1138	0.2468
广东	0.8849	0.0000	0.0822	0.1878	0.3168	0.1748	0.1232
福建	1.0122	0.0000	0.0679	0.0782	0.6616	0.0759	0.1286
贵州	1.4057	0.0000	0.0000	0.0984	0.3224	0.7034	0.2815
内蒙古	1.4389	0.0000	0.0000	0.0777	0.1040	0.3273	0.9299
新疆	2.5283	0.0000	0.0000	0.0450	0.2410	0.4842	1.7581
海南	2.6729	0.0000	0.0000	0.4771	0.1768	0.5387	1.4802
宁夏	3.4922	0.0000	0.0085	0.1371	0.1869	0.7340	2.4258
青海	3.7694	0.0000	0.0033	0.2250	0.1751	0.7803	2.5856
西藏	24.7474	0.0000	0.0710	1.0423	2.9500	15.1792	5.5049
东部	0.6987	0.0000	0.1231	0.1068	0.2057	0.0933	0.1698
中部	0.3048	0.0000	0.0076	0.0734	0.0949	0.0454	0.0835
西部	3.3377	0.0000	0.0194	0.1641	0.4107	1.5627	1.1807
全国	1.6186	0.0000	0.0532	0.1204	0.2565	0.6497	0.5389

首先，对在CRS假设下公共教育供给的无效率值的测算结果

进行简要分析。从表4-5中可以看出，全国高等教育供给的无效率值为161.86%，这在很大程度上是由西部地区的无效率过高造成的。分别看各项投入产出指标，可以得出全国高等教育供给必须通过合理提高5.32%的本专科毕业生人数，提高12.04%的研究生毕业生人数，提高25.65%的出版科技著作数，在提高64.97%的发表学术论文数的同时，提高53.89%的专利授权数才能使总的高等教育供给效率达到完全有效。从各项指标的占比上看，发表学术论文数的无效率值占总体的40.14%，其无效率影响最大；其次为专利授权数，其无效率影响比重为33.29%；出版科技著作数15.85%的无效率影响比重也是不容忽视的；投入指标普通高等学校教育经费的无效率值为0，说明都位于技术边界上。从各地区间的比较中可以看到，中部地区高等教育供给效率优于东部地区，而东部地区优于西部地区。本专科教育毕业生人数和出版科技著作数的无效率影响是导致东部和中部地区差距的主要原因，西部地区与中、东部地区间的差距主要体现在发表学术论文数和专利授权数指标上。在省级间的比较中可以发现，无效率总值最小的是上海，黑龙江、山西和湖北分居第2、3、4位，在无效率总值较低的前10个省份中，5个来自中部，4个来自东部，西部地区占1个，而排在末10个省份中，西部地区的省份有6个，东部地区有3个，中部地区有1个，排名末位的是西藏。

对比表4-6，可以发现CRS假设与VRS假设下的结果差异明显。在VRS假设下无效率总值最小的是北京、上海、江苏3个并列，其中北京和江苏的无效率值明显低于CRS假设下的结果。在VRS假设下，全国高等教育供给的无效率值为85.77%，可以通过合理缩减0.12%的普通高等学校教育经费，提高2.59%的本专科毕业生人数，提高5.19%的研究生毕业生人数，提高17.06%的出版科技著作数，在提高27.59%的发表学术论文数的同时，提高33.22%的专利授权数来消除其无效率。与CRS假设下得出的结论一样，西部地区仍然是全国无效率过高的主要来源。

表4-6 2005~2011年VRS假设下中国高等教育供给的无效率值及其分解值

省份	VRS假设下高等教育供给无效率值						
	总值	普通高等学校教育经费	本专科毕业生人数	研究生毕业生人数	出版科技著作数	发表学术论文数	专利授权数
北京	0.0000	0.0000	0.0000	0.0000	0.0000	0.0000	0.0000
江苏	0.0000	0.0000	0.0000	0.0000	0.0000	0.0000	0.0000
上海	0.0000	0.0000	0.0000	0.0000	0.0000	0.0000	0.0000
湖北	0.0080	0.0018	0.0000	0.0000	0.0019	0.0000	0.0042
河南	0.0214	0.0000	0.0000	0.0046	0.0000	0.0040	0.0127
黑龙江	0.0234	0.0000	0.0000	0.0077	0.0033	0.0000	0.0124
山东	0.0257	0.0000	0.0000	0.0051	0.0158	0.0049	0.0000
辽宁	0.0685	0.0000	0.0149	0.0056	0.0000	0.0328	0.0152
陕西	0.0859	0.0046	0.0068	0.0003	0.0111	0.0429	0.0202
浙江	0.1100	0.0000	0.0080	0.0704	0.0211	0.0105	0.0000
山西	0.1391	0.0000	0.0000	0.0155	0.0362	0.0300	0.0574
安徽	0.2086	0.0000	0.0000	0.0154	0.0397	0.0164	0.1371
吉林	0.2134	0.0000	0.0123	0.0037	0.0638	0.0477	0.0860
四川	0.2168	0.0002	0.0052	0.0092	0.0409	0.0205	0.1407
甘肃	0.2672	0.0000	0.0000	0.0227	0.0395	0.0240	0.1810
湖南	0.3029	0.0000	0.0000	0.0428	0.0512	0.0956	0.1133
河北	0.3383	0.0000	0.0000	0.0582	0.1377	0.0994	0.0429
重庆	0.3791	0.0000	0.0624	0.0071	0.2091	0.0573	0.0433
广东	0.4211	0.0291	0.0094	0.0846	0.0616	0.1313	0.1050
天津	0.5763	0.0000	0.4566	0.0068	0.1129	0.0000	0.0000
云南	0.6241	0.0000	0.0133	0.0763	0.1367	0.2874	0.1104
广西	0.6703	0.0000	0.0106	0.0517	0.3234	0.0918	0.1928
江西	0.7197	0.0000	0.0039	0.0811	0.2693	0.1074	0.2581
福建	0.8962	0.0000	0.0680	0.0213	0.6685	0.0475	0.0909
贵州	1.2147	0.0000	0.0001	0.0929	0.2678	0.6153	0.2386

续表

省份	VRS假设下高等教育供给无效率值						
	总值	普通高等学校教育经费	本专科毕业生人数	研究生毕业生人数	出版科技著作数	发表学术论文数	专利授权数
内蒙古	1.3551	0.0000	0.0000	0.0762	0.0778	0.3175	0.8836
青海	1.4508	0.0000	0.0181	0.0300	0.1121	0.2827	1.0079
海南	2.0914	0.0000	0.0027	0.3726	0.1432	0.4160	1.1569
新疆	2.3047	0.0000	0.0001	0.0553	0.2216	0.4757	1.5519
宁夏	2.5109	0.0000	0.0120	0.0583	0.1238	0.4792	1.8375
西藏	9.3439	0.0000	0.0974	0.3347	2.0987	4.8136	1.9995
东部	0.4116	0.0026	0.0509	0.0568	0.1055	0.0675	0.1283
中部	0.2046	0.0002	0.0020	0.0214	0.0582	0.0376	0.0851
西部	1.7020	0.0004	0.0188	0.0679	0.3052	0.6257	0.6840
全国	0.8577	0.0012	0.0259	0.0519	0.1706	0.2759	0.3322

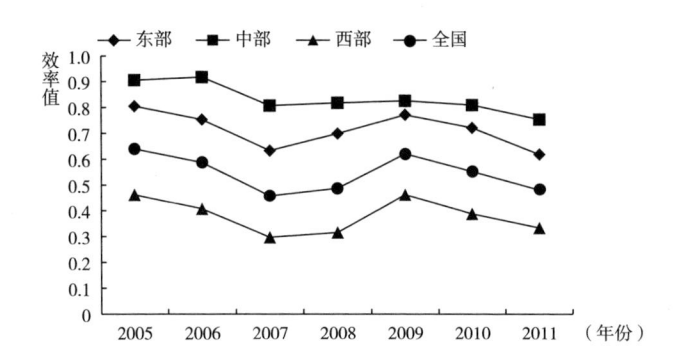

图4-2 2005~2011年各地区高等教育供给技术效率走势

图4-2显示了在VRS假设下全国及东、中、西部地区2005~2011年高等教育供给的效率走势。从图中可以看出，全国及东、中、西部地区的效率变化的趋势总体趋同，均呈现先下降后上升再下降的变化趋势。其中，东部和西部地区的效率变化趋势更为接近，中部地区变化较为平缓。中部和东部地区效率值均远高于西部

地区，而东、中部地区之间则差异不大。中部地区的效率值在2006年达到最高，之后变化平缓，东部和西部地区的效率值均在2007年到达最低，而后上升到2009年的最高值，之后下降。西部地区的高等教育供给效率值始终低于中、东部地区，也低于全国平均水平，与东部和全国的效率值变化趋势趋同。

与 CRS 假设下的结果不同，在 VRS 假设下，专利授权数是影响高等教育供给效率的最主要因素，其无效率贡献比重高达38.74%，发表学术论文数的影响居第二，其无效率贡献比重为32.16%。从地区之间的比较中可以得出，中部地区高等教育供给效率最优，东部次之，西部最低，且西部与中、东部地区的差异很大。其中，中部地区在全部指标上的效率值均优于东、西部地区，即使西部地区在普通高等学校教育经费和本专科教育毕业生人数的效率值高于东部地区，但在其余指标上的效率值均低于东部，尤其体现在发表学术论文数和专利授权数指标上，可以看出西部地区在科学研究上有明显的劣势。若从每个省份上观察，可以看出北京、江苏和上海的高等教育供给效率是最高的，均处在技术边界上，而效率最低的省份仍旧是西藏。作为投入指标的普通高等学校教育经费，其无效率值相较于其他产出指标最低，全国的平均值仅为0.12%，只有四川、湖北、陕西、广东未在技术边界上，其余省份均处在边界上。本专科教育毕业生人数指标的无效率值也相对较低，全国平均值为2.59%，有13个省份处在技术边界上。研究生教育毕业生人数指标无效率值排名前3位的是海南、西藏和贵州，均为中国西部地区省份。出版科技著作数指标的无效率值最高的是西藏，其值高达209.87%，远远超出西部地区及全国平均值。中部和东部地区在发表学术论文数和专利授权数指标上产出良好，而西部地区则差距较大，其无效率值分别为62.57%和68.4%，分别高出全国平均水平34.98个百分点和35.18个百分点，在发表学术论文指标上，排在效率较低的前 4 位省份是西藏、贵州、宁夏和新疆，在专利授权数指标上排在效率较低的前 3 位省份是西藏、宁夏和新疆，均来自西部地区，这也是导致西部与中、东部地区差距大的两大主要原因，表明西部地区的科学研究仍处在较低的水平上。

五　高校科研投入产出效率分析

为了能够更加透彻地分析公共教育供给的问题，上节对导致公共教育供给无效率的重要来源——高等教育供给进行了进一步的测算和分析，得到导致高等教育供给无效率的来源。在无效率来源中，发表学术论文数和专利授权数是导致高等教育无效率的最重要的两个来源，其贡献率占无效率总值的比重高于其他产出指标，这两个指标均为高校科研产出的代表。而在高等教育中，科研是其重中之重，科研的投入产出效率直接关系到高等教育的质量，也是考察高等教育的重点。因此，本节运用同样的方法对高校科研的投入产出效率进行考察，测算其无效率值并对其无效率值分解，得到产生无效率值的来源。

关于中国高校科研投入产出效率的研究，近些年来已有不少的成果。早期的研究多集中表现为定性化的描述，而即便是数量化的研究，也仅限于简单的指标统计、排序及相关加权指标的计算。近些年来的研究可以看出，学者们开始关注定量的研究方法，其中将 DEA 方法引用到实证研究中是高校科研效率评价的重要突破。国内外关于科研效率的研究方法还有诸如单要素指标分析法、统计回归法、赋予权重法等，本书则主要关注采用 DEA 方法的相关研究。田东平等（2005）运用 DEA 方法评价分析了中国重点高校的科研效率，指出中国高校科研效率呈现东高西低的趋势，并且发现西部地区的高校处在规模报酬递增的比例较大。陆根书等（2006）则比较分析了教育部直属高校的科研效率,发现东、中及西部地区的高校科研效率均呈现递减的趋势。随后,陆根书等(2007)进一步分析了2000~2004年教育部直属高校科研效率的情况,认为教育部直属高校科研效率在此期间存在波动趋势,应进一步提高。陈凯华(2006)通过建立均衡评价模型——DEA强化互评模型,增强了评价的公平性。徐娟(2009)运用DEA的方法对2006年中国31个省份的高校进行测算,有效评价了其技术效率、纯技术效率及规模效率,并指出地区经济发展与高校的科研效率无必然联系,而高效的科研产出才是提高科研发展的关键。李清彬和任子雄(2009)则运用2002~2006年的省级平均数据测算了中国高校的科研效率,研究发现中国一半以上地区的科研效率是非效率的,并且发现中国高校科研正处在规模报酬递增阶段,可以通过加大科研投入来提高规模效率。许余洁和王鑫(2011)结合模型与DEA方法分析了2008年605所高校的科研效率,发现64.2%的高校科研处在"拥挤"状态,并详细分析了各省份及东中西部地区高校科研效率的差异。

科研投入从广义上看包括系统得以运转所需的各种资源及要素,即人、财、物三方面的资源,科研产出则因需要兼顾数量和质量两方面而显得更为复杂。因此,在高校科研产出方面的计量,学术界一直存在不同的声音。为使投入产出指标在选取上更为合理,本书在借鉴已有研究的基础上,结合本书的研究目的,选取了高校科研的投入产出指标,其中投入变量选择了科技经费[①],而产出变量包括课题总数、专著数、发表学术论文数、鉴定成果数和成果授奖项。研究样本选取了31个省、自治区及直辖市,分类标准同前文一致。投入产出数据主要来源于2005~2011年《高等学校科技统

---

① 其中科技经费选用政府资金投入部分。

计资料汇编》，所有数据以 2005 年为基期消除价格因素影响。对于在整理过程中发现缺失的数据，本书采取了线性插值法来进行弥补。

表 4-7　2005~2011 年中国高校科研投入产出指标描述性统计

地区	指标	最小值	最大值	平均值	标准差	变异系数
东部地区	科技经费（千元）	41489	10951554	1938910.75	2051846.99	1.0582
	课题总数（项）	531	44205	15530.40	10003.04	0.6441
	专著（部）	5	513	149.74	115.25	0.7697
	发表学术论文数（篇）	80	23226	7006.00	5659.29	0.8078
	鉴定成果数（项）	7	1212	370.06	289.62	0.7826
	成果授奖项（项）	13	588	230.92	127.52	0.5522
中部地区	科技经费（千元）	185033	3061389	926793.19	669860.23	0.7228
	课题总数（项）	3276	25257	9265.75	5178.18	0.5589
	专著（部）	20	194	96.39	51.13	0.5304
	发表学术论文数（篇）	446	16877	4269.32	3665.45	0.8586
	鉴定成果数（项）	88	1545	434.64	362.75	0.8346
	成果授奖项（项）	31	333	175.54	82.80	0.4717
西部地区	科技经费（千元）	14801	3274471	440055.78	676825.72	1.5380
	课题总数（项）	52	21819	5198.86	5592.17	1.0757
	专著（部）	0	159	41.01	45.45	1.1081
	发表学术论文数（篇）	13	11644	1724.99	2533.30	1.4686
	鉴定成果数（项）	0	297	110.62	86.42	0.7812
	成果授奖项（项）	0	258	73.98	66.08	0.8932
全国	科技经费（千元）	14801	10951554	1097517.20	1483114.85	1.3513
	课题总数（项）	52	44205	9914.41	8605.27	0.8680
	专著（部）	0	513	93.88	91.29	0.9723
	发表学术论文数（篇）	13	23226	4255.50	4726.86	1.1108
	鉴定成果数（项）	0	1545	286.30	293.42	1.0249
	成果授奖项（项）	0	588	155.88	117.74	0.7553

表 4-7 为 2005~2011 年中国高校科研投入产出指标的描述性统计。从中可以看出，在平均值上，东部地区的投入指标科技经费要远高于中部和西部地区，西部地区最低；而产出指标除了鉴定成果数中部地区高于东、西部地区，西部地区处于最后外，其余产出指标课题总数、专著、发表学术论文数和成果授奖项均呈现东高西低的趋势。而变异系数显示东部地区的投入指标波动较大，中部地区的投入产出指标波动均不明显，西部地区的投入指标波动较大，除鉴定成果数和成果授奖项波动不明显外，其余产出指标波动较大。

本章分别测算了在 CRS 和 VRS 假设下的高校科研投入产出的无效率值，并对总的无效率值进行了分解，从而得到产生无效率值的来源，见表 4-8 及表 4-9。类似的，作为同 VRS 假设下测算结果的对比，本节先对 CRS 假设下的效率值进行简单分析，主要基于 VRS 假设下的测算结果对高校科研投入产出的无效率值进行分析。

表 4-8　2005~2011 年 CRS 假设下中国高校科研的无效率值及其分解值

省份	CRS 假设下高校科研投入产出无效率值						
	总值	科技经费	课题总数	专著	发表学术论文数	鉴定成果数	成果授奖项
河南	0.1355	0.0000	0.0202	0.0521	0.0029	0.0168	0.0434
河北	0.2085	0.0000	0.0130	0.1154	0.0249	0.0102	0.0450
北京	0.4866	0.0000	0.0313	0.2322	0.0000	0.1177	0.1053
山东	0.8684	0.0000	0.1134	0.3610	0.0099	0.2290	0.1551
湖北	0.9782	0.0000	0.0195	0.1943	0.0717	0.5920	0.1007
山西	1.0113	0.0000	0.0550	0.1838	0.0861	0.5732	0.1133
上海	1.0447	0.0000	0.0105	0.3251	0.1607	0.4385	0.1100
广东	1.0642	0.0000	0.0009	0.2656	0.2960	0.3507	0.1511
吉林	1.2301	0.0000	0.1591	0.7733	0.0529	0.0786	0.1660

续表

省份	CRS 假设下高校科研投入产出无效率值						
	总值	科技经费	课题总数	专著	发表学术论文数	鉴定成果数	成果授奖项
浙江	1.3450	0.0000	0.0547	0.3551	0.1334	0.4408	0.3608
辽宁	1.3685	0.0000	0.0855	0.3176	0.0481	0.7382	0.1790
湖南	1.4126	0.0000	0.0987	0.6121	0.1878	0.4305	0.0835
海南	1.4357	0.0000	0.0597	0.2756	0.1698	0.8179	0.1126
广西	1.5028	0.0000	0.0146	0.5677	0.0687	0.6095	0.2423
黑龙江	1.5611	0.0000	0.2281	0.4326	0.0203	0.5444	0.3357
江西	1.6410	0.0000	0.0351	0.5979	0.0516	0.4884	0.4680
四川	1.9884	0.0000	0.0463	0.4090	0.0111	1.1689	0.3530
天津	2.5594	0.0000	0.1204	0.7548	0.0198	1.2821	0.3823
江苏	2.6057	0.0000	0.0804	0.5738	0.0499	1.5942	0.3073
云南	2.6597	0.0000	0.2215	0.7106	0.0274	1.1826	0.5177
重庆	2.8990	0.0000	0.1498	0.7675	0.0531	1.5140	0.4146
安徽	3.0006	0.0000	0.1520	1.0232	0.1284	1.1901	0.5069
新疆	3.0616	0.0000	0.1091	0.5720	0.1146	1.9836	0.2823
福建	3.2563	0.0000	0.0690	1.1964	0.0645	1.5221	0.4044
内蒙古	4.1763	0.0000	0.1033	1.2918	0.0550	2.0950	0.6313
青海	4.1828	0.0000	0.2992	2.1189	0.8729	0.1390	0.7528
陕西	4.2148	0.0000	0.2084	0.9805	0.1718	2.2117	0.6424
甘肃	4.3270	0.0000	0.0998	0.6323	0.1368	2.8580	0.6001
贵州	5.6916	0.0000	0.3580	1.1567	0.6816	2.8933	0.6020
宁夏	5.8809	0.0000	0.2523	0.8785	0.0866	3.8893	0.7742
西藏	7.6928	0.0000	0.3285	0.8307	0.1954	5.1991	1.1391
东部	1.4766	0.0000	0.0581	0.4339	0.0888	0.6856	0.2103
中部	1.3713	0.0000	0.0960	0.4837	0.0752	0.4893	0.2272
西部	4.0231	0.0000	0.1826	0.9097	0.2062	2.1453	0.5793
全国	2.4352	0.0000	0.1160	0.6309	0.1308	1.2000	0.3575

表 4-8 是在 CRS 假设下高校科研投入产出无效率值的测算结果，下面对其进行简要分析。在 CRS 假设下，全国高校科研投入产出的无效率值为 243.52%，很大程度是由西部地区的无效率值过高造成的，西部地区的无效率值为 402.31%，远高出全国的无效率值，而东部与中部地区差距不大。从各项投入产出指标来看，可以得出全国科研必须通过合理提高 11.6% 的课题总数，提高 63.09% 的专著数，提高 13.08% 的发表学术论文数，在提高 120% 鉴定成果数的同时，提高 35.75% 的成果授奖项才能使总的科研投入产出效率达到完全有效。从各项指标占比情况看，鉴定成果数的无效率值占总体的 49.28%，其无效率影响最大；其次为专著数，其无效率值占总值的比重为 25.91%；成果授奖项 14.68% 的无效率影响比重也是不容忽视的；投入指标科技经费的无效率值为 0，说明投入处在技术边界上，是有效率的。通过各地区间的比较可以发现，中部地区科研效率优于东部地区，东部地区优于西部地区，且中、东部地区间差距不大，而西部地区与中、东部地区的差距很大。中部地区优于东部地区主要体现在鉴定成果数指标上，其他产出指标差距均不大。西部地区与中、东部地区间差距大的原因是西部地区受到鉴定成果数和专著数的无效率影响。从省际的比较上看，无效率总值最小的是河南，河北、北京和山东分居第 2、3、4 位，在无效率总值较低的前 10 个省份中，6 个来自东部，4 个来自中部，而在排位最后 10 个的省份中，西部地区的省份有 8 个，东部和中部地区各有 1 个，排名最末位的是西藏。

同表 4-9 VRS 假设下的结果对比中可以看出，CRS 假设与 VRS 假设下的结果存在差异。在 VRS 假设下，中部地区的无效率值是最低的，其次是东部地区，西部地区排最后。从各省份看，无效率总值最小的是北京、广东、河北、河南、江苏、山东 6 个并列，其无效率总值为 0，均位于技术边界。在 VRS 假设下，全国科研投入产出的无效率值为 79.74%，可以通过合理缩减 2.14% 的科技经费，提高 4.94% 的课题总数，提高 21.26% 的专著数，提高 8.1% 的发表学术论文数，在提高 29.65% 的鉴定成果数的同时，提高 13.64% 的成果授奖项来消除其无效率。与 CRS 假设下的结果一样，西部地区仍是全国无效率过高的主要来源。

表 4－9 2005～2011 年 VRS 假设下中国高校科研的无效率值及其分解值

省份	VRS 假设下高校科研投入产出无效率值						
	总值	科技经费	课题总数	专著	发表学术论文数	鉴定成果数	成果授奖项
北京	0.0000	0.0000	0.0000	0.0000	0.0000	0.0000	0.0000
广东	0.0000	0.0000	0.0000	0.0000	0.0000	0.0000	0.0000
河北	0.0000	0.0000	0.0000	0.0000	0.0000	0.0000	0.0000
河南	0.0000	0.0000	0.0000	0.0000	0.0000	0.0000	0.0000
江苏	0.0000	0.0000	0.0000	0.0000	0.0000	0.0000	0.0000
山东	0.0000	0.0000	0.0000	0.0000	0.0000	0.0000	0.0000
四川	0.0691	0.0000	0.0000	0.0125	0.0011	0.0360	0.0195
湖北	0.0779	0.0137	0.0000	0.0144	0.0023	0.0334	0.0141
吉林	0.1074	0.0331	0.0084	0.0428	0.0091	0.0020	0.0120
上海	0.1479	0.0654	0.0029	0.0001	0.0000	0.0592	0.0203
黑龙江	0.1527	0.0578	0.0212	0.0050	0.0000	0.0409	0.0278
辽宁	0.1540	0.0038	0.0000	0.0100	0.0253	0.1028	0.0122
浙江	0.1793	0.0211	0.0000	0.0519	0.0048	0.0687	0.0328
甘肃	0.4487	0.0000	0.0289	0.2056	0.0032	0.1164	0.0946
陕西	0.4954	0.1607	0.0000	0.0237	0.0553	0.2040	0.0516
天津	0.7026	0.0830	0.0367	0.1095	0.0056	0.3319	0.1359
湖南	0.7499	0.0368	0.0014	0.0479	0.0766	0.5219	0.0653
安徽	0.8434	0.0684	0.0188	0.2047	0.0802	0.2886	0.1827
云南	0.8513	0.0000	0.0135	0.1506	0.0844	0.5374	0.0654
宁夏	0.8745	0.0000	0.0057	0.2675	0.1297	0.3619	0.1096

续表

省份	VRS假设下高校科研投入产出无效率值						
	总值	科技经费	课题总数	专著	发表学术论文数	鉴定成果数	成果授奖项
山西	0.8757	0.0211	0.0433	0.1286	0.0700	0.5339	0.0786
贵州	0.9091	0.0000	0.0003	0.2029	0.3065	0.2918	0.1075
广西	0.9950	0.0227	0.0022	0.3526	0.0718	0.4186	0.1270
江西	1.1871	0.0331	0.0056	0.4044	0.0629	0.3724	0.3088
海南	1.2738	0.0000	0.0942	0.2299	0.1238	0.6796	0.1464
内蒙古	1.2991	0.0000	0.0436	0.3360	0.1529	0.4476	0.3190
重庆	1.3189	0.0008	0.0152	0.1657	0.0371	0.9587	0.1414
新疆	1.3533	0.0000	0.1117	0.5751	0.1808	0.4014	0.0842
福建	1.4331	0.0405	0.0028	0.4326	0.0481	0.7407	0.1683
青海	3.9687	0.0000	0.3875	1.8992	0.6640	0.1116	0.9064
西藏	4.2503	0.0000	0.6881	0.7187	0.3148	1.5311	0.9976
东部	0.3537	0.0194	0.0124	0.0758	0.0189	0.1803	0.0469
中部	0.4993	0.0330	0.0123	0.1060	0.0377	0.2241	0.0862
西部	1.4028	0.0154	0.1081	0.4092	0.1668	0.4514	0.2520
全国	0.7974	0.0214	0.0494	0.2126	0.0810	0.2965	0.1364

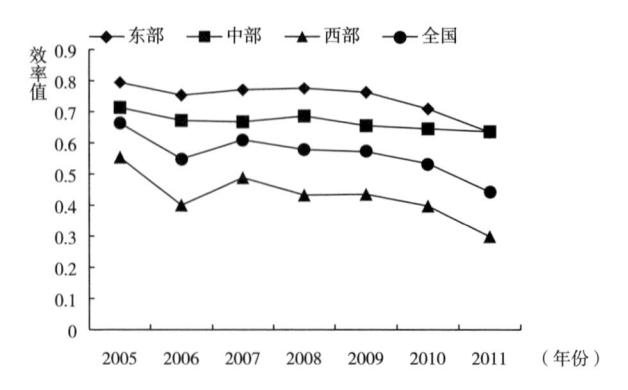

图4-3 2005~2011年各地区科研技术效率走势

图 4-3 为 2005~2011 年全国及东、中、西部地区科研投入产出在 VRS 假设下的效率走势。从图中可以看出，东部和西部地区及全国的效率值变化趋势总体呈现下降，而中部地区则保持平缓。东、中部地区的效率值均远高于西部地区，而东部和中部地区的效率差异不大，变化趋势也趋同，均呈现先下降后上升再下降的趋势，且变化较为平缓，东部地区的效率值一直领先于中部地区，但到 2011 年东部与中部地区的效率值基本一致。西部地区的效率变化趋势较东、中部地区而言，波动更大，和全国的效率变化趋势基本一致。全国及东、中、西部地区均在 2011 年达到效率的最低值。

与 CRS 假设下的结果一样，在 VRS 假设下，鉴定成果数仍然是影响科研投入产出效率的最主要因素，其无效率贡献比重高达 37.19%，专著数的影响居第二，其无效率贡献比重为 26.67%。从各地区之间的比较中发现，东部地区的科研投入产出效率是最优的，中部次之，西部最低，且东、中部地区的效率值远高于西部地区。其中，中部地区的课题总数的效率值略微高于东部地区，但其他投入产出指标的效率值均低于东部地区，故其总的效率值仍旧低于东部地区；而西部地区的科技经费的效率值是最高的，优于东、中部地区，但是其他指标上的效率值均低于东、中部地区，尤其体现在专著数、鉴定成果数和成果授奖项上。若从省际的对比上观察，可以看出北京、广东、河北、河南、江苏及山东的科研投入产出效率是最高的，均处在技术边界上，而效率最低的省份仍是西藏。科技经费作为投入指标，其无效率值相较于其他产出指标最低，全国的平均值仅为 2.14%，占无效率总值的比重为 2.68%，说明大多数省份的科技经费投入都是有效的。课题总数指标的无效率值也相对较低，全国平均值为 4.94%，占无效率总值的比重为 6.2%，其中有 11 个省份的无效率值为 0，均处在技术边界上。专著数指标的无效率值排名前 10 位中有 6 个省份来自西部，其中排名前3位的是青海、西藏和新疆，其中无效率值最高的青海，其值高达189.92%，远远高出西部及全国的平均值。值得一提的是在排名前10位的省份中有2个来自东部，分别是福建和海南，而效率值排名前10位的有7个省份来自东部，仅有来自西部地区的四川排在前10位中。发表学术论文指标的无效率值排在前10位的省份中有7个来自西部地区，有2个来自中部，分别是湖南和安徽，仅有1个来自东部地区的省份是海南，而排在效率值前10位中，来自西部的四川位列在其中，其余6个来自东部，3个来自中部地区。鉴定成果数指标是影响无效率总值最重要的因素，无效率值最大的是西藏，其值高达153.11%，远远高出西部和全国的平均值，而排在无效率值前10位的省份中有6个来自西部地区，东部和中部地区各占2个。效率值排在前10位的省份中，四川仍是唯一来自西部地区的省份。在成果授奖指标上排在效率较低的前3位省份是来自西部地区的西藏、青海和内蒙古，而来自中部地区的江西和安徽的效率值也排在倒数第4、5位，在效率值末尾前10位中还有来自东部地区的福建、海南和天津。来自西部地区的四川的效率值也在该指标上位列第10。

第二节 模型设定与估计方法

财政分权与公共品供给间的关系一直受到学者的广泛关注，财政分权下地方政府行为与公共教育供给的研究则很少。在运用科学的方法合理测算出公共教育供给的效率后，实证检验财政分权下地方政府行为对公共教育供给的影响是本书重点解决的问题。前文运用新制度经济学的理论框架对财政分权下地方政府行为对公共教育供给的影响传导机制进行了详细分析，并构建了相应的理论模型解释了其传导机理,认为财政分权下地方政府行为主要表现为地方政府财政竞争及政府治理,地方政府间的财政竞争不利于公共教育供给,而有效的政府治理则能改善公共教育供给。已有的相关研究大多使用静态面板数据模型分析,而诸如公共教育供给的前后关联则难以捕捉。因此,本节使用 2005~2011 年的省级面板数据,采用动态面板数据模型,运用系统 GMM 方法对财政分权下地方政府行为对公共教育供给效率的影响进行回归检验。[①]

由经验可知,公共教育供给的效率是一个连续动态的过程,上期的公共教育供给效率会对当期及未来公共教育供给效率产生动态的影响。为了考虑公共教育供给的动态效应,本书在实证研究中引入被解释变量的滞后项,从而设定如下动态面板数据模型:

$$\ln Efficiency_{it} = c + a_1 \ln Efficiency_{i,t-1} + a_2 Comp_{it} + a_3 Corr_{it} \\ + a_4 Fina_{it} + b_1 \ln Pop_{it} + b_2 \ln Pog_{it} + b_3 \ln Csh_{it} \\ + b_4 Syz_{it} + b_5 \ln Iop_{it} + b_6 \ln Agrp_{it} + \varepsilon_{it} \quad (4-6)$$

其中,$Efficiency$ 代表公共教育供给效率,i 表示地区截面,t 表示时间,$Efficiency_{i,t-1}$ 表示前一期公共教育供给效率,$Comp$ 表示地方政府竞争,$Corr$ 和 $Fina$ 分别表示反腐败力度和财政负担,均代表地方政府治理,本书根据模型检验需要,为尽量避免模型设定偏误,参考已有的经验研究,加入了一系列控制变量:人口规模(Pop)、人口结构(Pog)、城市化程度(Csh)、所有制结构(Syz)、产业结构(Iop)和人均地区生产总值($Agrp$)。ε_{it} 为随机干扰项。

模型中将被解释变量的滞后项引入解释变量,且各变量之间以

---

① SBM 方向性距离函数与传统的方向性距离函数一样,其值越大表示的效率就越低,而这与传统回归检验的解释正好相反。Chung et al. (1997) 发现,方向性距离函数与 Shephard 距离函数之间的关系是:$\vec{D}_O(x_t, y_t, b_t, g) = 1/D_O(x_t, y_t, b_t) - 1$。所以我们利用公式 $E = 1/(1+IE)$ 将无效率值转换为效率值以适应对系数值的解释。

及难以捕捉的固定效应可能存在相互决定关系，使模型在估计时存在内生性问题。GMM方法之所以得以广泛应用，源于能够有效地解决动态面板数据模型中的内生性问题。具体来说，GMM方法分为两种形式，即差分GMM（DIF-GMM）和系统GMM（SYS-GMM），差分GMM方法是由Arellano and Bond（1991）提出的，其基本思想是对估计模型进行一阶差分，然后将工具变量设定为因变量与内生性变量的高阶滞后项，通过其控制估计模型的内生性。但差分GMM方法在计算时，消除难以观察的地区固定效应及不随时间变化的其他变量，因此，其估计量不一定理想。系统GMM方法的出现是为了修正差分GMM的弊端，Arellano and Bover（1995）、Blundell and Bond（1998）将水平方程和一阶差分方程同时引入差分GMM的方程系统，得到估计偏差更小，效率更高的系统GMM方法。鉴于本书所使用的面板数据具有"小T大N"型特点，很多估计量并非均有效，故使用系统GMM估计方法对财政分权下地方政府行为对公共教育供给效率的影响进行回归检验。

第三节　数据来源及变量选取

本节实证样本包括31个省、自治区及直辖市，分类标准与前文保持一致。在反腐败指标构建中，各省贪污受贿、渎职等职务犯罪案件立案数据来源于《中国检察年鉴》中分省《人民检察院年度工作报告》，公职人员数据来源于《中国统计年鉴》，其他数据主要来源于2005~2011年历年《中国统计年鉴》、《中国财政年鉴》以及《中国人口统计年鉴》，所有数据以2005年为基期消除价格因素影响。对于在整理过程中发现的缺失数据，采取了线性插值法来进行弥补。

一 被解释变量与解释变量

如前所述，本书将在 VRS 假设下测算出的公共教育供给效率作为被解释变量，这也是与以往文献不同之处——直接用公共品供给的效率值而非投入的绝对值，以往大多数文献研究该问题，多用公共教育支出作为被解释变量代表公共教育供给（岳昌君，2008；王爱民，2009；李连芬、刘德伟，2010；等等）。众所周知，投入量的多少不能完全显示供给的优劣，而效率值能够更好地反映供给的实际状况。在解释变量的选择中，本书试选择如下变量来反映财政分权下地方政府竞争与政府治理。

（一）地方政府竞争（Comp）= 各省吸引 FDI/全国 FDI 总量

FDI 是地方政府招商引资的重要渠道，林江等（2011）及李勇刚等（2012）利用 FDI 构建晋升激励的代理变量。在财政分权下，吸引 FDI 成为地方政府竞争的重要策略，各地方政府吸引 FDI 占全国 FDI 总量的比重能够很好地显示其竞争的程度，因此，选用该指标作为地方政府竞争的代理指标，用以检验地方政府竞争是否不利于公共教育供给效率。

关于政府治理变量的选择，参考傅勇（2010）选用的变量，即反腐败力度和财政负担率。由于考虑到数据口径的一致性和可得性，反腐败力度指标中选用每万名公职人员的职务犯罪案件立案数，有别于傅勇（2010）选用的每百万名在职人员贪污贿赂案件立案数。

（二）反腐败力度（Corr）= 每万名公职人员的职务犯罪案件立案数

这一指标高，反映反腐败力度大，同时也可能暗含该地区的腐败程度高。谢平和陆磊（2003）分析了中国地区金融腐败指数，与本书数据对比，该指标高则反映反腐败力度大。反腐败力度对公共教育供给效率的影响可能存在两种相反的作用，La Porta 等（1999）指出反腐败是政府改善治理水平的体现，与诸如公共教育等公共品供给呈正向关系，而 Tanzi 等（1998）研究发现，腐败程度与政府投资基础设施规模呈正向关系，反腐败力度的加大可能会减少由于寻租驱动的部分公共品供给。综合以上考虑，预计反腐败力度的加大会提高公共教育供给的效率。

（三）财政负担率（Fina）= 每万元财政收入的公职人员数

财政分权下地方政府对公职人员的配备和调整仍旧受到中央政府的控制，缺乏灵活性，从而使地方政府行政规模僵化，不能根据居民支付能力及经济发展水平的变化做出相应的调整，居民"用手投票"的机制失效（Zhang，2006）。用财政负担率反映地方政府治理水平，过重的财政负担率反映政府治理水平欠佳，预期将会对公共教育供给效率造成负面影响。

二 控制变量

为了剔除其他因素对公共教育供给效率的潜在影响，本书在估计模型中添加了如下 6 个控制变量。

（一）人口规模（Pop）

Pop 为总人口规模（万人）。用人口规模来控制公共教育供给中的因规模经济因素造成的影响。Zhuravskaya（2000）和 Faguet（2004）发现规模经济因素影响存在与公共品供给中，通常人口规模越大、越密集的地方，公共品供给的效率就越高。

（二）人口结构（Pog）

用以衡量各地区的人口结构，其中，Pog 为少儿抚养比。人口结构的差异能够有效地反映人口经济负担情况，也能反映地方政府对于公共教育供给的投入情况，故选择其作为反映人口结构的指标，从而对公共教育供给效率的影响加以控制。

（三）城市化程度（Csh）

用以衡量各地区的城市化程度，其中，Csh 为城镇人口（或非农业人口）占总人口的比例。城市化是人口向城市集中的过程，是农业经济向从非农业经济为基础的生活方式的转变，反映社会经济变化的过程。通常城市化程度越高的地区，其文化程度就越高，对公共教育供给有着正面的影响。

（四）所有制结构（Syz）

用以衡量各地区的所有制结构，其中，Syz 为国有经济固定资产投资占全社会固定资产投资的比例。国有经济是由全民所有制经济、集体所有制经济等形式组成，包括中央和地方各级机关、事业单位和社会团体使用国有资产投资举办的企业等，是国民经济的领导力量，对生产力发展影响极大。而在政府资金一定的情况下，对国有经济的投入势必影响公共教育供给等公共品的投入，故选该项指标用以控制公共教育供给的效率。

（五）产业结构（Iop）

用以衡量各地区的产业结构，其中，Iop 为第二产业产值占地区生产总值的比例。第二产业是国民经济发展的主导产业，也是其他行业发展的基础，故对公共教育供给也有一定的影响。选用第二产业产值占地区生产总值的比例代表各地区产业结构的特征。

（六）经济发展水平（Agrp）

用以衡量各地区经济发展水平，其中，Agrp 为人均地区生产总值，采用人均指标能够更为客观地衡量各地区人民生活水平。用 Agrp 控制地区经济发展水平对公共教育供给的影响。

表 4-10 是对以上解释变量与控制变量的描述性统计。从中可以看出,2005~2011 年,各省吸引 FDI 占全国 FDI 的比重平均为 3.78%,东部地区最高,中部次之,西部最低,且在西部地区波动较大;反映反腐败力度的每万名公职人员的职务犯罪案件立案数全国平均为 2.99 件,中部地区最多,西部地区次之,东部地区最少,且地区间差异不大;反映财政负担的指标每万元财政收入的公职人员数,中部地区最多,西部次之,东部最少,且中部与西部地区差距不大;各地区的总人口规模波动较大,在西部和东部表现较为明显;反映人口结构的少儿抚养比表现为西高东低,全国平均值为 24.47,呈现西高东低的趋势;反映城市化程度的指标城镇人口占总人口的比例则相反,东部地区最高,中部次之,西部地区最后;反映所有制结构的国有经济固定资产占地区生产总值在各地区间变化不大,平均在 0.3% 左右;第二产业产值占地区生产总值的比例在各地区间的差异也不大,大致为 40%,西部地区略高于东、中部地区;东部地区的人均地区生产总值明显高于中、西部地区,呈现东高西低的趋势。

表 4-10 2005~2011 年解释变量与控制变量描述性统计

地区	指标	最小值	最大值	平均值	标准差	变异系数
东部地区	Comp	0.0077	0.2621	0.0860	0.0631	0.7331
	Corr	0.4945	6.4707	2.2581	1.2053	0.5338
	Fina	0.1580	1.0879	0.4527	0.2040	0.4508
	Pop	828.0000	10504.8488	4836.5657	3159.1670	0.6532
	Pog	9.6400	34.9600	19.2819	5.9956	0.3109
	Csh	37.6900	89.3000	61.4219	15.2806	0.2488
	Syz	0.1289	0.5808	0.3249	0.1097	0.3375
	Iop	0.2309	60.1000	38.7896	18.2095	0.4694
	Agrp	10871.0000	70614.5315	36588.7909	15937.3716	0.4356

续表

地区	指标	最小值	最大值	平均值	标准差	变异系数
中部地区	Comp	0.0039	0.0392	0.0179	0.0109	0.6060
	Corr	2.2012	5.6792	3.6092	0.8077	0.2238
	Fina	0.3425	1.5411	0.7615	0.2835	0.3724
	Pop	2716.0000	9487.0000	5254.0348	2015.3385	0.3836
	Pog	14.6200	37.7600	24.2745	6.1556	0.2536
	Csh	30.6500	56.5000	44.7955	6.6154	0.1477
	Syz	0.1517	0.8098	0.3549	0.1419	0.3997
	Iop	0.4760	55.0000	38.1350	18.0403	0.4731
	Agrp	8675.1448	31578.8139	17478.4793	5323.1477	0.3046
西部地区	Comp	0.0002	0.0285	0.0068	0.0072	1.0485
	Corr	1.4290	6.3430	3.2424	1.0250	0.3161
	Fina	0.2356	1.5729	0.7172	0.3025	0.4217
	Pop	277.0000	8212.0000	3011.1030	2111.8508	0.7014
	Pog	17.2200	44.6500	29.3630	5.7996	0.1975
	Csh	22.6100	56.6200	38.8126	8.1321	0.2095
	Syz	0.0070	0.7337	0.3420	0.1164	0.3403
	Iop	0.3446	61.5000	43.7295	18.3850	0.4204
	Agrp	5051.9600	47601.4082	15750.9326	7431.9757	0.4718
全国	Comp	0.0002	0.2621	0.0378	0.0525	1.3884
	Corr	0.4945	6.4707	2.9878	1.1816	0.3955
	Fina	0.1580	1.5729	0.6348	0.2982	0.4697
	Pop	277.0000	10504.8488	4237.6689	2690.7824	0.6350
	Pog	9.6400	44.6500	24.4727	7.3578	0.3007
	Csh	22.6100	89.3000	48.3793	14.7741	0.3054
	Syz	0.0070	0.8098	0.3392	0.1212	0.3574
	Iop	0.2309	61.5000	40.5329	18.3295	0.4522
	Agrp	5051.9600	70614.5315	23590.8298	14547.3372	0.6167

第四节 实证结果分析

一 地方政府行为对公共教育供给效率的影响

基于 Stata 11.0 软件下运行的系统 GMM 程序,本节对财政分权下地方政府行为对中国公共教育供给效率的影响进行了实证分析,回归结果见表 4-11。为了便于区域间的比较,表中给出了按东部、中部、西部及全国分组后的回归结果。由于各地区间的情况各异,其回归结果具有明显的区域特征。

表 4-11 分地区实证估计结果

	东部地区	中部地区	西部地区	全国
L1	1.158***	0.253	2.184***	0.639***
	(0.368)	(0.162)	(0.052)	(0.062)
Comp	-1.569***	-0.674***	-0.101**	-0.152***
	(0.110)	(0.023)	(0.049)	(0.008)
Corr	0.031*	2.062***	0.153*	0.038**
	(0.018)	(0.127)	(0.083)	(0.017)
Fina	-0.143***	-3.083***	-0.776	-0.037*
	(0.042)	(0.883)	(1.163)	(0.019)
Pop	-0.135***	-0.117***	0.247***	0.062***
	(0.011)	(0.015)	(0.007)	(0.006)
Pog	-0.913***	-1.475*	1.152**	-0.229***
	(0.174)	(0.823)	(0.576)	(0.015)
Csh	-1.030	-1.107**	3.752***	0.014
	(0.824)	(0.556)	(0.154)	(0.072)
Syz	-0.914***	-0.682	-0.202	-0.210*
	(0.346)	(0.423)	(0.315)	(0.112)

续表

	东部地区	中部地区	西部地区	全国
Iop	0.005***	0.134*	0.078	0.025***
	(0.001)	(0.077)	(0.095)	(0.005)
Agrp	0.137**	0.073	-0.052**	0.015**
	(0.061)	(0.152)	(0.021)	(0.006)
AR (1)	0.355	0.935	0.158	0.057
AR (2)	0.743	0.485	0.245	0.146
Sargan 检验	0.362	0.234	0.164	0.267
C	4.167	0.076	0.143**	0.424*
N	78	54	54	186

注：1. *、**、***分别表示10%、5%、1%的置信水平，括号内为标准差；2. AR（1）为 Arellano-Bond test for AR（1），AR（2）为 Arellano-Bond test for AR（2），分别用于检验一次差分残差序列是否存在一阶自相关和二阶自相关；3. Sargan 检验用来考察工具变量是否存在过度识别；4. C 为常数项，N 为观测值。

从全国的角度来看，公共教育供给效率之间存在惯性依赖的特性，即当期的公共教育供给效率和前一期的公共教育供给效率之间存在显著正相关。地方政府竞争与公共教育供给效率呈高度负相关，即地方政府竞争每增加 1 单位，公共教育供给效率减少 0.152。在政府治理方面，反腐败力度的系数是 0.038，且显著为正，这说明反腐败力度每提高 1 单位，公共教育供给效率随之提高 0.038。而政府治理的另一个变量——财政负担率对公共教育供给效率在 10% 的水平下显著为负，即随着财政负担率的减少，公共教育供给效率呈现提高趋势。这与第三部分的理论模型结论一致。比较东、中、西部地区的情况，除了西部地区的财政负担率不显著外，其余变量系数都与全国的系数符号保持显著一致。地方政府竞争对东、中、西部地区公共教育供给效率的影响程度显示，东部地区受影响最明显，即东部地区的地方政府竞争程度每上升 1 单位，其公共教育供给效率将下降 1.569，而中、西部地区分别下降 0.674 和 0.101。而政府治理方面，中部地区在反腐败力度和财政负担率两个维度受影响最明显，分别为 2.062 和 -3.083，而东部地区的公共教育供给效率在政府治理方面受到的影响并不明显，西部地区居中。

另外，考虑控制变量发现，人口规模对公共教育供给效率有影响，即当人口规模增长 1 单位，公共教育供给效率提高 0.062%，而少儿抚养比，即人口结构，提高 1%，公共教育供给效率将减少 0.229%。城市化程度与公共教育供给效率呈正相关，但并不显著。国有经济成分比重的增长，将降低公共教育供给效率，而第二产业比重的提高，将对公共教育供给效率有提升作用。最后，经济发展水平每增加 1 单位，将使公共教育供给效率有 0.015% 的提高。比较东、中、西部地区，人口规模与东、中部地区的公共教育供给效率显著为负相关，而西部地区则显著为正相关。同样，少儿抚养比对东、中部地区的影响显示为负，而西部地区则显示为正。国有经济成分比重在中、西部地区的影响不显著，而东部地区在 1% 的水平下显著为负。第二产业比重对东、中、西部地区的影响都显示为正，但西部地区并不显著。而经济发展水平对西部地区影响显著为负，东、中部地区则显示为正，但中部地区并不显著。

二 地方政府行为对高等教育供给效率的影响

表 4-12 分地区实证估计结果

	东部地区	中部地区	西部地区	全国
L1	0.204**	0.651***	0.324	0.377***
	(0.088)	(0.027)	(0.450)	(0.023)

续表

	东部地区	中部地区	西部地区	全国
Comp	-2.265*	-1.851	-0.927*	-0.548*
	(1.245)	(2.080)	(0.501)	(0.288)
Corr	0.017**	0.384***	-0.120	0.006*
	(0.007)	(0.034)	(0.167)	(0.003)
Fina	-1.285***	-0.635*	-1.174*	-0.162
	(0.074)	(0.339)	(0.666)	(0.395)
Pop	0.322*	0.484	0.925***	0.118**
	(0.165)	(1.126)	(0.113)	(0.047)
Pog	0.678*	0.578*	1.312	-0.273**
	(0.385)	(0.300)	(1.474)	(0.112)
Csh	0.972**	0.302***	0.721**	0.014***
	(0.430)	(0.018)	(0.325)	(0.001)
Syz	-0.865*	-0.174	0.507**	-0.040
	(0.453)	(0.214)	(0.204)	(0.154)
Iop	0.049***	0.023*	0.016**	0.008*
	(0.002)	(0.012)	(0.007)	(0.004)
Agrp	0.263	0.132	0.370*	0.020*
	(0.537)	(0.183)	(0.196)	(0.010)
AR (1)	0.826	0.466	0.518	0.023
AR (2)	0.887	0.621	0.471	0.658
Sargan 检验	0.113	0.116	0.109	0.114
C	3.706**	4.989	-10.709	-0.971**
N	78	54	54	186

注：1. *、**、***分别表示10%、5%、1%的置信水平，括号内为标准差；2. AR (1) 为 Arellano-Bond test for AR (1)，AR (2) 为 Arellano-Bond test for AR (2)，分别用于检验一次差分残差序列是否存在一阶自相关和二阶自相关；3. Sargan 检验用来考察工具变量是否存在过度识别；4. C 为常数项，N 为观测值。

从全国的角度来看，高等教育供给效率之间同样存在惯性依赖的特性，即当期的高等教育供给效率和前一期的高等教育供给效率存在显著正相关。地方政府竞争与高等教育供给效率呈高度负相关，即地方政府竞争每增加 1 单位，公共教育供给效率将下降 0.548%。反腐败力度的系数是 0.006，且在 10% 的水平下显著为正，这说明反腐败力度每提高 1 单位，公共教育供给效率随之提高 0.006%，但影响程度并不明显。而政府治理中的另一个变量——财政负担率对高等教育供给效率的系数符号为负，但并不显著，即财政负担率的降低并不能影响高等教育供给效率的变动。比较东、中、西部地区的情况，除了中部地区的反腐败力度和西部地区的财政负担率不显著外，其余变量系数都与全国的系数符号保持一致。地方政府竞争对东、中、西部地区高等教育供给效率的影响程度显示，东、中部地区受影响最明显，而西部地区受影响最小，即东、中部地区的地方政府竞争程度每上升 1 单位，其公共教育供给效率将分别下降 2.265% 和 1.851%，而西部地区下降 0.927%。政府治理方面，中部地区的高等教育供给效率在反腐败力度方面受影响最明显，为 0.384，而其财政负担率受到的影响最小，为 -0.635。东部地区的高等教育供给效率在反腐败力度方面受影响最小，仅为 0.017，而在财政负担率方面的影响最明显，为 -1.285。

另外，考虑控制变量发现，人口规模对高等教育供给效率有影响，即当人口规模增长 1%，公共教育供给效率提高 0.118%，而少儿抚养比，即人口结构每提高 1 单位，高等教育供给效率将减少 0.273%。城市化程度与高等教育供给效率呈显著正相关，即城镇人口增加 1%，高等教育供给效率提高 0.014%。国有经济成分比重的增长，将降低高等教育供给效率，但并不明显，而第二产业比重的提高，将对高等教育供给效率有微小的提升作用。最后，经济发展水平在 10% 的水平下每增加 1%，将对高等教育供给效率有 0.02% 的提高。比较东、中、西部地区，人口规模对东、中、西部地区的公共教育供给效率都显示为正，但中部地区并不显著。同样,少儿抚养比对东、中、西部地区的影响显示为正,而西部地区并不显著。城市化程度对东、中、西部地区的高等教育供给效率都显著为正。国有经济成分比重在中部地区的影响不显著,而东、西部地区分别在10%和5%的水平下显著为-0.865和0.507。第二产业比重对东、中、西部地区的影响都显示为正。而经济发展水平对东、中、西部地区影响都显示为正,而东、中部地区并不显著。

三 地方政府行为对高校科研产出效率的影响

表4-13 分地区实证估计结果

	东部地区	中部地区	西部地区	全国
L1	0.486*	1.371	-0.042	0.658***
	(0.280)	(2.016)	(0.058)	(0.025)
Comp	-1.265*	1.515	-0.636**	-0.324
	(0.669)	(3.367)	(0.256)	(0.345)
Corr	0.117**	0.256***	0.270***	0.087***
	(0.049)	(0.031)	(0.016)	(0.001)
Fina	-1.254***	-4.271**	-0.335*	-0.116**
	(0.201)	(1.793)	(0.180)	(0.054)
Pop	0.235*	0.805**	0.107***	0.022*
	(0.127)	(0.353)	(0.012)	(0.012)
Pog	0.005*	0.364	1.071*	-0.080
	(0.003)	(0.489)	(0.581)	(0.116)
Csh	0.805**	0.663***	1.009**	0.120***
	(0.353)	(0.017)	(0.424)	(0.012)
Syz	-0.965*	-0.728*	0.093	0.045
	(0.521)	(0.383)	(0.109)	(0.107)
Iop	-0.046***	0.059	0.016	0.023
	(0.002)	(0.073)	(0.021)	(0.033)

续表

	东部地区	中部地区	西部地区	全国
Agrp	-1.152	-1.313**	0.332***	-0.102
	(1.422)	(0.591)	(0.051)	(0.128)
AR (1)	0.086	0.931	0.898	0.007
AR (2)	0.742	0.361	0.864	0.556
Sargan 检验	0.185	0.138	0.206	0.630
C	3.706**	1.867*	1.805*	0.619
N	78	54	54	186

注：1. *、**、*** 分别表示 10%、5%、1% 的置信水平，括号内为标准差；2. AR（1）为 Arellano-Bond test for AR（1），AR（2）为 Arellano-Bond test for AR（2），分别用于检验一次差分残差序列是否存在一阶自相关和二阶自相关；3. Sargan 检验用来考察工具变量是否存在过度识别；4. C 为常数项，N 为观测值。

从全国的角度来看，高校科研产出效率之间同样存在惯性依赖的特性，即当期的高校科研产出效率和前一期的高校科研产出效率存在显著正相关。地方政府竞争与高校科研产出效率呈负相关，但并不显著。反腐败力度与高等教育产出效率的系数是 0.087，且显著为正，这说明反腐败力度每提高 1 单位，高校科研产出效率随之提高 0.087%。而政府治理中的另一个变量——财政负担率对高校科研产出效率影响也显著为负，即财政负担率每增加 1 单位，高校科研产出效率减少 0.116%。比较东、中、西部地区的情况发现，西部地区的高校科研产出效率跨期间存在负相关，但并不显著；中部地区的地方政府竞争系数为负，但同样并不显著。其余变量系数与全国的系数符号保持显著一致。地方政府竞争对东、中、西部地区的高校科研产出效率的影响程度显示，东部地区受影响最大，而西部地区受影响最小，即东部地区的地方政府竞争程度每上升 1 单位，东部地区的高校科研产出效率将下降 1.265%，而西部地区下降 0.636%。政府治理方面，中、西部地区的高校科研产出效率在反腐败力度受影响最明显，分别为 0.256 和 0.270。而东部地区仅为 0.117。另外，中部地区的高校科研产出效率在财政负担率方面的影响最明显，为 -4.271，远超过东、西部地区。

另外，考虑控制变量发现，人口规模对高校科研产出效率有影响，即当人口规模增长 1%，高校科研产出效率提高 0.022%，而少儿抚养比，即人口结构每提高 1%，高校科研产出效率将减少 0.08%，但并不显著。城市化程度与高校科研产出效率在 1% 的水平下呈显著正相关。国有经济成分比重和第二产业比重对高校科研产出效率的系数符号都为正，但都不显著。最后，经济发展水平每增加 1%，将对高校科研产出效率有 0.102% 的降低，但不明显。比较东、中、西部地区，人口规模对东、中、西部地区的公共教育供给效率都显示为正，其中，中部地区受影响最明显。同样，少儿抚养比对东、中、西部地区的影响显示为正，其中，西部地区受到影响远超过东、中部地区。城市化程度对东、中、西部地区的高校科技产出效率都显著为正。国有经济成分比重在西部地区的影响不显著，而东、中部地区在 10% 的水平下都显著为负。第二产业比重对东部地区的影响显示为负，而中、西部地区则不显著。经济发展水平对东部地区影响并不显著，而对中、西部地区则分别显著为 -1.313 和 0.332。

第五节 小结

本章实证分析了财政分权下地方政府行为对公共教育供给的影响。首先利用 2005~2011 年中国 31 个省、自治区及直辖市的面板数据，借助 SBM 方向性距离函数对中国公共教育供给的效率进行测算，分别测算得到在 CRS 和 VRS 假设下公共教育供给的效率值及导致公共教育供给无效率的来源。其中，中部地区公共教育供给效率最优，东部次之，西部最后；在无效率来源中，高等教育供给是导致公共教育供给无效率的最重要来源。因此，对高等教育供给效率进行测算分析，CRS 和 VRS 假设下效率值显示的结果排序同公共教育供给效率一致，中部地区仍然处于效率最优的位置，东部次之，西部最后。在高等教育供给无效率来源中，科研产出是导致其无效率的最重要来源，故进一步对高校科研投入产出的效率进行测算分析，发现在 VRS 假设下，东部地区的效率是最优的，中部次之，西部最后。

其次，在得到公共教育供给的效率值后，合理选择了地方政府竞争及地方政府治理的替代变量及一系列控制变量，构建了动态面板数据模型。运用系统 GMM 估计方法对财政分权下地方政府行为对公共教育供给的影响进行了回归检验，结果发现，在全国层面上，地方政府竞争与公共教育供给呈高度负相关，地方政府治理则对公共教育供给有正向影响。对地区间的分析中显示，除了西部地区的财政负担率不显著，其余变量系数同全国的系数符号保持一致，东部地区的地方政府竞争对公共教育供给的影响最明显，中部次之，西部最后，但东部地区在政府治理方面的影响不明显，中部地区的反腐败力度和财政负担率对公共教育供给的影响最明显，西部居中。进一步回归检验地方政府行为对高等教育供给及高校科研投入产出的影响，从全国层面上看，系数符号同公共教育供给大致相同，但在地方政府行为对高等教育供给的回归检验中，财政负担率不显著，在地方政府行为对高校科研投入产出的回归检验中，地方政府竞争变量不显著。

第五章 财政分权视角下公共教育供给的最优化

第一节 主要结论

教育对当下中国的经济增长与社会流动的推动作用是有目共睹的，对整个国民经济及社会的可持续发展非常重要，其本质表现为教育成为社会和个人发展的动力，也是保持向上流动的前提。个人通过教育获取更多的知识和技能，增强自身的综合能力，从而更好地适应职业特性，创造更多的就业机会，提高在人力资本市场上的价值，还能够提升个人的修养和情操，促进家庭和谐，利于下一代的培养。好的教育无论对个人还是国家，都具有长期的正面效应，能够促进人口与经济发展良性循环。教育政策学也已充分证明教育是提高整体社会生产力的最佳途径，也是提高社会公平程度的有效手段。具有准公共品属性特征的公共教育，承载着保障公民获取能力所及范围内最大程度的教育的职责，由于其正的外部性，单靠市场机制配置资源是不够的，需要政府的介入和管制，保证其有效供给和协调资源配置。随着财政分权体制的不断改革，中国的分权呈现出经济上的分权和政治上的垂直管制特征，中国的分权治理带来了卓越的增长，在当前官员政绩考核体系激励与财政激励下，地方政府官员更加关心地区经济增长，主动向增长型政府转变，而忽视了能够带来长期社会福利的公共教育供给。本书研究的基本问题是财政分权下地方政府行为与公共教育供给，从新制度经济学的视角来考察财政分权下地方政府行为与公共教育供给之间的内在机制，并通过理论模型进行分析。基于对公共教育供给效率的测算，分析财政分权下地方政府行为对公共教育供给的影响。本书的主要结论如下。

第一，中国教育财政投入总量不断增长，但仍旧不足，且区域间投入不均衡，公共教育供给有待改善。随着市场经济体制改革的不断发展，中国教育财政体制改革有了跨越性的进展，在多渠道筹措经费的多元化格局下，教育经费的筹措形成以国家财政拨款为主，以其他非财政性教育经费为辅的模式。非财政性教育经费逐渐成为教育经费的重要来源，其逐年增长速度在2001~2005年一度超过财政性教育经费的增长速度。从2000~2011年的国家教育经费投入数据中可以看出，国家对教育的投入逐年递增，且幅度较大，国家财政性教育经费到2011年总量为23869.29亿元，占GDP的比重为3.97%，接近4%的目标。但教育经费投入总量仍旧不足，尤其体现在义务教育阶段，其经费缺口巨大，与同时期OECD国家的水平相比，有明显的差距。在教育经费投入时也出现地区间的不均衡，呈现西部最高，东部次之，而中部地区则最低，这也是导致"中部凹陷"的一个重要原因。

第二，理论研究表明，财政分权下地方政府行为表现为地方政府竞争与政府治理。第四章基于制度经济学的理论框架，分析了财政分权下地方政府的行为取向，探讨地方政府行为对诸如公共教育等公共品及公共服务的影响。从产权制度变革下权利束的重组与重配方面分析，发现作为产权主体的地方政府，在财政分权体制改革下没有获取完整的产权，出于对权利的争取而不断积累政治资本及扩张财力，进而造成地方政府间的竞争。同样出现在教育领域的"为升学率而竞争"，导致公共教育资源的不合理分配，影响了公共教育的有效供给。从公共选择视角看，财政分权下的地方政府官员作为"经济人"会出于自身利益最大化考虑，努力符合政绩考核标准从而追求晋升。地方政府官员为了实现经济增长这一考核目标而展开竞争，而具有正外部性的公共教育不能在短期内带给政府直接的好处，从而被地方政府忽视，导致供给不足，效率低下。制度变迁的负外部效应使财政分权下的地方政府的利益有了制度的保障，从而刺激其为争夺利益而展开财政竞争，在竞争过程中出现了诸多非理性竞争行为。由于地方政府过度追求经济利益，而对公共教育的投资失去兴趣，从而导致公共教育的供给受到负面影响；另外，获得既得利益的地方政府，往往将公共教育资源倾向优质学校，使资源配置失衡，成为影响公共教育供给的又一个原因。交易成本理论视角下，地方政府为使其交易成本最小而努力改善政府的治理水平，在公共教育领域也不例外。地方政府为了使提供公共教育的成本最小而努力改善政府治理结构，不断提升政府治理水平，从而改善了公共教育供给。

另外，通过构建地方政府的效用函数，用一个理论模型对财政分权下地方政府行为对公共教育供给的影响进一步分析，研究表明，地方政府间的竞争行为导致公共教育供给恶化，忽视公共教育带来的长期社会福利，但地方政府的治理行为则改善了公共教育供给。

第三，对公共教育供给的效率进行测算，结果表明导致公共教育供给无效率的主要来源是高等教育，而科研产出又是高等教育无效率的最主要来源。利用 2005～2011 年中国 31 个省、自治区及直辖市的面板数据，借助 SBM 方向性距离函数对公共教育供给的效率进行测算，分别测算了在 CRS 和 VRS 假设下公共教育供给的无效率值，并对总的无效率值进行了分解。基于 VRS 假设下的分析表明，中部地区的公共教育供给效率最优，东部次之，西部最后，反映高等教育的产出指标——本专科教育毕业生人数及研究生教育毕业生人数是导致公共教育供给无效率的重要来源。为了进一步分析公共教育供给效率，运用同样的方法对高等教育供给的效率进行测算，基于 VRS 假设下的结果表明，中部地区的高等教育供给效率最优，东部次之，西部最后。而在无效率总值来源中，代表科研产出的发表论文数及专利授权数是导致高等教育供给无效率的最重要的两个来源。因此，进一步分析作为高等教育重中之重的科研的投入产出效率，从而更加透彻地分析公共教育供给的效率，同样在 VRS 假设下，东部地区的效率是最优的，中部次之，西部地区最后。

第四，回归检验显示财政分权下地方政府的竞争行为不利于公共教育供给，而地方政府治理能够改善公共教育供给。通过选择合适的表示地方政府行为的解释变量和有效的控制变量，采用动态面板数据模型，利用 2005~2011 年中国 31 个省、自治区及直辖市的省级面板数据，运用系统 GMM 方法回归检验了财政分权下地方政府行为对公共教育供给的影响，并进行了区域比较分析。结果显示，全国层面上，地方政府竞争与公共教育供给呈高度负相关，地方政府治理对公共教育供给有正向影响，其中除了西部地区的财政负担率不显著，其余变量系数均与全国的系数符号保持一致，东部地区的地方政府竞争对公共教育供给的影响最明显，中部次之，西部最后，但东部地区在政府治理方面的影响不明显，中部地区的反腐败力度和财政负担率对公共教育供给的影响最明显，西部居中。在控制变量的考察中发现，人口规模、经济发展水平对公共教育供给效率有正向影响，少儿抚养比对其有负向影响，城市化程度指标不显著，但其符号为正，国有经济成分比重增长会降低公共教育供给效率，而第二产业比重提高能提升其效率。

进一步回归检验地方政府行为对高等教育供给及高校科研产出的影响，其中在高等教育供给方面，地方政府竞争对高等教育供给效率有负向影响，反腐败力度对其有正向影响，而财政负担率不显著，但其系数符号为负，表明财政负担率的减少并不能影响高等教育供给的效率变动。在区域间比较发现，除了中部地区的反腐败力度和西部地区的财政负担率不显著外，其余变量与全国的系数符号保持一致。东、中部地区的地方政府竞争对高等教育供给的影响较西部地区更明显，中部地区反腐败力度的影响最明显，而财政负担率的影响最小，东部地区则刚好与其相反。在高校科研产出方面，地方政府竞争与高校科研产出效率呈负相关，但不显著，反腐败力度显著为正，财政负担率显著为负。在区域间的比较中可以看出，西部地区的高校科研产出效率跨期影响不显著，中部地区的地方政府竞争影响不显著，但系数为负，其余变量系数与全国的系数符号保持一致。东部地区的地方政府竞争对高校科研产出效率影响最明显，中、西部地区的反腐败力度对其的影响较东部地区更明显，中部地区的财政负担率对高校科研产出效率影响最明显，远超过东、西部地区。

第二节 对策建议

随着分权化体制的深入改革，从地方政府职能的转变到经济增长方式的转变，倡导科学发展观并建立资源节约型、环境友好型社会，努力实现基本公共服务均等化并推进社会主义文化建设，党的十七大提出优先发展教育，建设人力资源强国，十八大提出努力办好人民满意的教育……尽管中央政府一再呼吁在经济增长的同时，兼顾教育等其他公共品及公共服务协调发展，但财政分权下的地方政府是具备自身利益的相对独立体，受利益驱使的地方政府"经济人"的角色从未因此而有所减退。地方政府在追逐利益最大化的过程，即同其他利益主体展开博弈的过程中，选择自身利益最大化的行为策略，因此，往往忽略了公共教育供给的重要性。通过上述对中国财政分权下地方政府行为与公共教育供给的研究分析，本书认为，要想扭转地方政府的执政理念，需要调整激励机制，使地方政府真正成为辖区民众的代言人，从根本上改变地方政府行为的动机，从而改善公共教育供给。进一步改革财政分权体制，使地方政府行为与社会福利保持一致的方向，与此同时，改革公共教育的财政政策，合理分配公共教育资源，努力实现公共教育供给最优化。

一 合理划分中央与地方财政权责，匹配地方政府的财权与事权

从前文分析财政体制改革对地方政府间财政收支的影响中可以看出，中央与地方政府间财政权责划分不清，地方政府的财权与事权不对称，将导致中央及地方政府的行为扭曲，从而影响公共教育的有效供给。因此，对财政权责进行合理划分及地方政府财权与事权的匹配，是使地方政府有效承担公共教育供给责任的基础。

首先，保证提供公共教育供给主体的财力保障。公共教育供给主体应首先拥有相应的财力，即货币形式的财政资源，并拥有完全的支配权，从而保证辖区居民拥有基本相同的公共教育服务。国家还可以通过定向的转移支付，对公共教育供给进行适当补贴，尤其对欠发达地区更为重要。中国各地区间经济发展水平差异较大，且财力也悬殊，东部发达地区财力雄厚，对人力资本的投入大，而在

西部欠发达地区不仅面临教育投入的不足，同时也面临人力资本向外迁移的风险。因此，对欠发达地区财源有效补给，才能保证落后地区的居民享受到公共教育供给需求，同时降低中西部地区地方政府的分担比例，从收入和支出两方面入手，在一定程度上弥补欠发达地区的不足，保障中西部地区公共教育的有效供给。国家应适当提高地方政府的财政权力，同时减轻其不对称的事权负担，平衡好分权与集权的程度。作为产权主体的地方政府只有得到完整的权利，才能够合理自如地支配公共教育资源。

其次，加强各类财政收入的管理。对地方政府各类财政收入的管理是保障地方财源的关键，是一个必然趋势。预算外收入作为财政收入的重要资金来源，成为地方政府增强财力，开拓财政收入的重要渠道，黄佩华（2005）提出将预算外收入纳入预算内管理是其现实有效途径。同时，仍需努力硬化地方政府的财政收入，在划分中央政府和地方政府之间的支出责任时配套进行。除此之外，进一步完善税制，将具有税收特征的费用用相应的税收代替，取消不合理、不合法的收费，遏制乱收费、乱集资的现象。在有力的法律及相关制度监管下，确保地方政府行为的规范性和透明性，允许地方政府开拓其他财政收入的渠道——地方税的开征及发行公债的权利，充分发挥财政分权下地方政府在财政收支模式上的个体潜质。

再次，适当上收县乡政府公共教育支出责任。平新乔（2006）指出地方政府间支出责任的划分不合理，大多支出责任下放到县乡层级政府上，而相对应的地方财政却供给不到位，通常只占到整个地方政府财政支出的一半以下。财权与事权在省、市、县、乡四级地方政府间的分配是不合理的，在实际操作中，存在公共教育经费承担主体责任模糊问题，而公共教育经费在各层级政府间承担比例缺乏明确规定，使权责模糊，基层财政状况恶化，公共教育供给得不到根本改善。为使县乡层级政府的财权与事权相匹配，相比继续下放更多的财政资源到县乡政府，不如适当上收公共教育支出责任，改变公共教育供给过度依赖地方的格局。

二 建立多维目标考核结构，改革官员考核体系

一直以来，以 GDP 增长作为官员目标考核的指标对地方官员进行评估和考核，由单一的 GDP 或是人均 GDP 等反映经济增长的指标作为衡量官员政绩的标准，使公共选择下的政府"经济人"会为了自身的利益而努力促进实现 GDP 增长，从而产生一系列违背经济发展规律的现象，忽视了公共教育等社会福利性公共品的供给。要改变地方政府的工作重心，必须改变引导地方政府行为的"指挥棒"，只有调整考核目标，才能从本质上解决公共教育供给不足的问题。

首先，设立以教育、卫生、环境等考虑社会经济协调发展的多维综合考核指标。对地方政府官员的考核，由过去只考虑 GDP 增长的"唯 GDP 论"一元目标转变为综合考察以教育、卫生、环境等多项符合社会协调发展的多维综合指标，使政绩考核更加全面。而教育作为有效的长期投资，也是社会福利的重要组成部分，应将其加入考核指标中，且适当加大其比重。多维综合考核指标的设立，使地方政府官员的目标与社会福利最大化目标趋近，地方政府会根据政绩考核目标的改变，将重点从致力于地区经济增长转向教育、卫生、环境等社会福利公共品及公共服务共同协调发展。多维综合考核指标有效反映了社会需求结构的变化，在有效缓解生产函数曲率降低的同时，平衡了地方政府的生产性与非生产性支出的偏好差异，从而减少了福利损失，顺应社会协调发展的要求。

其次，由"自上而下"考核转变为"自下而上"考核。Lin 等（2007）指出扩大地方民主是增加地方政府合意性的途径之一。虽

然在政治体制改革中,自上而下的方式能够取得快速进展,效率较高,但由于考核仍遵循自上而下的方式,地方政府官员的考核由上级负责,仍受制于上级任命,最终不利于地方政府官员为当地居民的切身利益着想,缺乏服务于当地居民的激励。而自下而上的考核则不同,当地居民对地方政府官员的表现更具有发言权,且能够根据当地实际情况与自身利益做出更客观的判断,提高了政绩考核的透明度。Wang 和 Yao(2006)提供的证据证明基层的民主建设能有效提升地方政府的合意性。

再次,延长地方政府官员的任期考核。上级政府与下级政府间的关系看成委托-代理关系,由于委托人获取信息难免失真,代理人出现机会主义行为,为减轻由存在的信息不对称导致的地方政府机会主义行为,可以延长地方政府官员的任期考核。对地方政府官员的任期考核,除了对当前任期内政绩的考核外,还需考察其之前的任职地的政绩情况,尤其需要考察其在教育、卫生等公共品供给中的贡献,由于这类公共品的时效性较长,通常在当期难以显示其价值,因此将其考虑在内具有一定的意义。在最终政绩中以当期政绩为主,同时赋予之前任职地政绩一定的权重,综合考察地方政府官员的任期考核,用以减少地方政府官员的短期化行为。

三 完善地方政府行为约束机制,规范地方政府行为

地方政府提供诸如公共教育等公共品的供给的关键在于财政决策过程,通过财政来行使和完成公共服务的职能,合理安排财政收支。在这一过程中,地方政府的公共财政职能是实现公共教育等公共品有效供给的关键因素,而公共财政职能能否有效发挥作用取决于地方政府行为。因此,对地方政府行为进行合理的约束,规范其行为是非常必要的。

首先，对地方政府的财政决策过程进行约束和监督。通过法律的形式对地方政府的财政决策过程进行约束和监督，已有的相关法律法规，诸如税法及人大通过的预算文件等，在很大程度上确保了地方政府在财政决策中的规范性。但现实中，公共教育供给不足等问题的出现显示了已有监督机制的不完全。因此，在继续健全和完善相关法律法规的同时，还需要健全社会公众的监督机制。在不涉及国家机密的情况下，公开地方政府财政决策过程，拒绝暗箱操作等手段，提高政务透明度，实行财务公开制度，让公众获知相关财政收支情况，充分发挥"用手投票"机制的优势，使财政资金的利用率更加有效。只有加强公众监督机制，努力实现决策民主化，才能不断提高财政决策的正确性，确保地方政府官员根据客观需求配置财政资源。

其次，调整地方政府干预理念，创建人性化服务型政府。改变政府行政过度干预的趋势，人性化服务逐渐取代政府干预的理念。具体表现为在公共教育等公共品的相关政策制定时，尽管政府具有决定权，但是在制定过程中需要接受利益相关者的意见，多参与协商与对话，使地方政府的行为更加公开透明，认真履行公共服务的职能，提高政府治理水平。在公共教育等公共品服务上，按照均等化原则，既要不断增加其总量，向更多的人群提供优质高效的服务，同时又要注重优化结构布局，扩大受益的覆盖范围。地方政府扮演的角色是服务者，注重以人为本，尽力满足利益相关者提出的合理需求，切实解决实际问题，真正体现政府的服务功能。

再次，通过优化公共品供给结构规范化地方政府行为。在地方政府事权范围确定的基础上，通过优化公共品供给结构，能够约束地方政府行为，从而有效供给地方公共品。公共财政具有公共性的特征，要求其职能范围以满足公众需要为界限，对于公众需求的领域，财政需为其买单，而对于不属于公众需求的事项，则一概不介入其中。在满足公众需要的活动时，地方政府提供相应的制度保障和物质基础，不以营利为目的，而是追求公共利益，一切以服务公众需求为宗旨。地方政府在提供公共品和公共服务时，为了保障优质高效的服务，必须加大其投入，在财政资源一定的情况下，必须压缩非公共性的财政支出，严格设定公共品的供给范围和供给数量，优化公共品供给结构，避免财政资源的浪费。在这一过程中，将有限的财政资源投入有效的公共品供给结构中，有效地避免了"形象工程"等不合理的地方政府行为，使地方政府行为得以逐步规范。

四 构建公共教育财政政策评估体系，努力完善公共教育财政政策

公共教育财政政策是配置公共教育资源的有效手段，是使公共教育得以有效供给的物质基础和前提保障，规范化公共教育财政政策是地方政府官员及每一个教育相关工作者的目标。改革开放以来，中国通过制定和执行的公共教育财政政策解决公共教育中出现的实际问题积累了许多经验，同时也收获了不少教训。目前，中国公共教育财政政策尚未完善，例如缺乏有效的政策评估系统，在多变的环境中，对中国公共教育财政政策进行有效评估，规范化公共教育财政政策，从而优化其策略，还需进一步努力。

首先，建立健全公共教育财政政策评估制度。构建公共教育财政政策评估体系的首要前提是建立和健全公共教育财政政策评估制度，将其纳入相关政府部门及决策单位的日常工作中，将其制度化。在构建公共教育财政政策评估过程中，要在思想上克服"重政策，轻评估"的思想，进而设立专门的组织评估机构对公共教育财政政策进行科学的评估，只有独立化其组织，才能做到评价的

客观性，提高评估的效率和效益。在设立评估组织的同时，配套设立相应的评估基金，为保证公共教育财政政策顺利评估提供财力保障。在评估基金的筹措过程中，开拓筹集渠道，可以充分利用来自民间及国外的资金，减轻政府的额外的财政负担，多种形式的基金注入也能为公共教育财政政策评估起到提高评估质量的效果。由于公共教育财政政策的影响广泛，且相关执行部门的相互重叠，都使搜集评估信息时难度加大，为此，在评估过程中，实行政务信息公开化制度变得尤为重要，为获取相关信息提供了信息保障。在合理评估的基础上，有效分析评估结果，并将其转化成相关政策优化的依据，最终规范化公共教育财政政策。

其次，制定公共教育财政政策评估的法律。运用法律的手段将公共教育财政政策评估法制化，是中国公共教育财政政策评估得以科学、公正实施的重要保障。目前中国缺乏针对公共教育财政政策评估的专门法律法规，使公共教育财政政策容易出现随意性等问题，不能客观公正地评估公共教育财政政策。因此，需要借鉴国外的先进经验，再结合中国的实际情况，建立有关的公共教育财政政策的评估法律，对评估的期限、评估人员的资格认定以及评估信息的来源等相关要素做出法律的明确规定，从而确保评估的信度和效率。在制定完善相应的法律法规基础上，依法评估。

再次，组建第三方评估组织。第三方评估是指除政策制定者与执行者以外的人员对政策进行正式的评估，包括专业的评估组织及研究机构、社会舆论界及公众等。第三方评估作为一种外部评估，是相对独立的，能够较大程度地确保评估的客观性，从而有利于政策评估的科学化和有效性。中国的公共教育财政政策评估目前尚多为传统的内部评估方式，由专门的教育机构负责具体政策的评估，如教育部门的政策研究中心等，评估的过程缺乏社会公众的参与，这给评估结果带来了一定程度的失效。为提高公共教育财政政策评估的有效性，应加入学术机构、中介组织等第三方评估组织的参与，确保评估结果更为客观和公正。

五 合理分配教育经费，优化配置公共教育资源

中国的教育经费投入大体由国家财政性教育拨款、公民个人办学经费和社会团体、社会捐款、集资办学、其他教育经费等组成。教育事业的公益性决定教育经费的主要来源是政府，除了以政府为主导力量，加大对教育财政经费的投入外，通过多渠道筹集教育经费，使投资规模不断合理化发展，并合理配置公共教育资源，促使公共教育事业协调健康发展，全面有效实施科教兴国与人才强国的战略。

首先，明确各级政府的职责。在各层级政府结构中，教育经费的提供应由中央及省级政府承担，而地方政府负责管理教育经费。目前中国实行的是县管教育，即由县级政府提供农村的教育经费，而由于各个县之间的财政情况各异，财政收入的巨大差距使提供的教育经费差距很大，而往往在贫困程度越高的地区就越是需要教育的供给，可教育经费的短缺使这一问题凸显。因此，需要强化中央及省级政府承担教育财政责任，教育经费的提供由更高层级的政府承担，才能缓解教育经费在各地区间差距大的问题。而在教育供给中出现的问题则需要地方政府进行管理，各层级政府各尽其责，有效提供公共教育供给，最终促进教育供给的合理和公平。

其次，对欠发达地区予以资助。从长远来看，切实加大对教育的投入，是长期培养人才和储备高素质人才的基础，同时也能够缩小地区间的教育差距，从而实现教育公平。和发达地区不同，欠发达地区的人力资本容易向外迁移，导致地方政府进行教育投入后无法获得相应的人力资本创造的收益，从而造成投入产出效率的损

失。因此，不同地区在教育经费的投入上的分担比例应有所区别，欠发达地区应低于发达地区。中央政府应加大对欠发达地区教育定向转移支付，从而弥补投资收益溢出带来的损失，逐渐缩小与发达地区的巨大差距。同时，发达地区应有效支援欠发达地区，通过"三扶一支"等形式有效提高欠发达地区的教育发展水平。国家应采取配套的优惠政策鼓励人才向欠发达地区发展，为其吸引人才创造条件。例如制订专项的人才保留计划等，让更多的公共教育资源向欠发达地区倾斜，有效实现各地区教育协调发展。

最后，提高基础教育的投入比重。在各层次教育中，基础教育是公共品属性最强的，关乎受教育者的教育权利能否受到切实保障。目前，在中国教育投入结构中，高等教育投资过度，出现过于行政化和大部分专业人才相对过剩等问题，对基础教育的投入明显不足，轻视基础教育的现象较为突出。在加大对教育投入力度的同时，需要重点加大对基础教育的投入，优化教育投入结构。中国正处在发展中大国阶段，对基础教育阶段的投资效益要高于高等教育阶段，因此，提高基础教育的投入比重，优化教育投入结构，对中国现阶段公共教育发展有着重要意义。

六 坚持以人为本，努力实现公共教育服务均等化

作为一个人口众多而资源又相对短缺的发展中大国，发展基本的公共教育是非常关键的，应该将其摆在突出的位置上，纳入国民经济发展规划中。坚持以人为本，以学生为主体，尊重教育发展规律，坚持政府为供给公共教育的主体，提供优质均等的教育服务，坚持公平优先和质量为重的原则，有步骤、有重点地展开工作。

首先，政府成为公共教育投资主体。在私人物品的供给中，市场机制能够有效配置其资源，发挥很好的调节作用。和经济领域不

同，公共教育作为公共领域，应坚持由政府作为其投资主体，参与公共资源的配置，根据社会公众对教育需求的提高，加大对其的投入力度，从而满足人民群众日益增长的教育文化需求。当前，许多地市在义务教育阶段存在"重点教育"现象，如重点小学、重点幼儿园等，这些所谓的重点学校以其优势的硬件及师资吸引了许多家长及学生，而政府也对这类学校予以重点投入，这一现象导致公共教育资源的不公平配给。各级地方政府应均衡配置教育资源，从软件、硬件等方面做到均衡对待，使地区内的学校均等优质发展。

其次，统筹城乡教育均等发展。由于中国城乡二元结构的存在，中国公共教育出现了"马太效应"，加剧了公共教育资源均衡配置的矛盾。努力建成覆盖城乡的公共教育服务体系，实现公共教育服务均等化是中国公共教育发展的新目标，对于改善民生有着重要的意义。为了实现这一目标，打破城乡二元结构的束缚是首要任务，进而推进城乡教育朝一体化发展，在均衡发展的同时，不能照搬照套固定模式，应注重城市和农村的不同特点，根据实际情况，以城市带动农村，共同发展优质均衡教育。随着中国城乡建设一体化进程的加快，也能促进城乡教育的均衡发展。

再次，实现效率与公平的平衡。坚持科学发展观是中国政府发展各项事业的准则，教育领域也不例外，实现公共教育均等化是发展教育事业的首要任务。在努力实现均等化的过程中，需要实现效率与公平的平衡，从过去的效率观转变为公平增长观。从过去更多的追求入学率、升学率及办学规模，到如今兼顾消除教育盲区等促进教育公平的措施，以公平促发展。从中央到各级地方政府，在确保公共教育投入的基础上，实现城乡与区域间的均衡发展，既要效率也不失公平，在公共教育资源的配置过程中实现有效配给，体现教育公平，而教育公平的落实又能提高公共教育的整体效率，逐步形成中国公共教育的科学发展体系。

第三节 后续研究

本书在理论部分构建的理论模型较为简易，在今后的研究中可以试图加入更多的变量，诸如专项转移支付等，使模型更加符合现实情况。

在实证部分，限于数据的来源，考察的时间较短，从而不利于做收敛性分析，这将成为在数据可得性基础上进行的下一步研究。

采用更加微观的数据——县级数据来考察财政分权下地方政府行为与公共教育供给更为合理，因为公共教育的负担主要由县级政府承担。县级数据也能使本研究更加客观和深入，例如在区域比较分析时，可以进行省内差异研究，同时对县级地方政府的行为也能做出比较分析，从而揭示更为切合实际，更加可行的政策含义。

在分析地方政府行为对公共教育供给的影响时，可以以大型城市为切入点，测算分析当下存在诸多"重点学校"的效率，并分析市政府的政府行为对其的影响，这将是非常具有现实意义的研究内容，对这一内容进行研究十分具有诱惑性。

在测算公共教育供给效率时，投入产出指标的选取还有进一步努力的空间，对于投入指标选择可以更加丰富，例如加入除经费外的其他投入因素——人和物方面的投入，使测算结果更加准确。另外，国际公共教育供给的比较，也是进一步研究的对象。

参考文献

奥尔森，2005，《权力与繁荣》，上海世纪出版集团。

曹淑江，2004，《论教育的经济属性、教育的公益性、学校的非营利性与教育市场化改革》，《教育理论与实践》第 17 期。

陈凯华，2006，《基于 DEA 高校院系运行效率的均衡评价模型建立》，《中国高等教育评估》第 3 期。

陈通、白建英，2003，《西部地区高等教育投入产出相对有效性的评价研究》，《西北农林科技大学学报》第 2 期。

成刚、袁佩琦，2007，《构建公共教育支出绩效评价指标体系的研究》，《继续教育研究》第 6 期。

丛树海、周炜，2007，《中国公共教育支出绩效评价研究》，《财贸经济》第 3 期。

戴维·H. 罗森布鲁姆、罗伯特·S. 克拉夫丘克，2002，《公共行政学：管理、政治和法律的途径》，中国人民大学出版社。

邓可斌、丁菊红，2009，《转型中的分权与公共品供给：基于中国经验的实证研究》，《财经研究》第 3 期。

丁岚，2012，《"985 工程"实施中教育部直属高校生产效率的计量分析》，《高等教育研究》第 7 期。

范子英、张军，2009，《财政分权与中国经济增长的效率——

基于非期望产出模型的分析》,《管理世界》第 7 期。

傅毓维、邵争艳,2004,《影响区域高等教育资源优化配置的复合 DEA 分析》,《科学学与科学技术管理》第 11 期。

傅勇,2008,《中国的分权为何不同:一个考虑政治激励与财政激励的分析框架》,《世界经济》第 11 期。

傅勇,2010,《财政分权、政府治理与非经济性公共品供给》,《经济研究》第 8 期。

傅勇、张晏,2007,《中国式分权与财政支出结构偏向:为增长而竞争的代价》,《管理世界》第 3 期。

高春,2006,《农村医疗卫生财政保障机制研究》,硕士学位论文,湖南大学经济学系。

高培勇,2001,《市场化进程中的中国财政运行机制》,中国人民大学出版社。

龚锋、卢洪友,2009,《公共支出结构、偏好匹配与财政分权》,《管理世界》第 1 期。

郭新立,2003,《基于 DEA 的学科有效性评价》,《中国管理科学》第 6 期。

侯赛因,阿瑟、尼古拉斯·斯特恩,2006,《中国的公共财政、政府职能与经济转型》,载《比较(第 26 辑)》,中信出版社。

黄君洁,2006,《论我国财政分权背景下的腐败问题》,《经济体制改革》第 6 期。

黄佩华,2005,《21 世纪的中国能转变经济发展模式吗?》,载《比较(第 18 辑)》,中信出版社。

黄佩华、迪帕克,2003,《中国:国家发展与地方财政》,中信出版社。

黄少安,2007,《制度经济学中六个基本理论问题新解》,《学术月刊》第 1 期。

胡敏、卢振家，2010，《基于 DEA 模型的教育财政支出效率研究——以广东省为例》，《肇庆学院学报》第 1 期。

贾智莲、卢洪友，2010，《财政分权与教育及民生类公共品供给的有效性——基于中国省级面板数据的实证分析》，《数量经济技术经济研究》第 6 期。

康锋莉、艾琼，2011，《财政分权、地方政府行为与经济绩效》，《财贸研究》第 1 期。

寇丹，2011，《论我国地方政府竞争对地方治理的效用》，《辽宁大学学报》第 9 期。

乐先莲，2011，《论公共选择理论视域中教育与国家的关系》，《外国教育研究》第 6 期。

李国璋、刘津汝，2010，《财政分权、市场分割与经济增长——基于 1996－2007 年分省面板数据的研究》，《经济评论》第 5 期。

李军杰、钟君，2004，《中国地方政府经济行为——基于公共选择视角》，《中国工业经济》第 4 期。

李连芬、刘德伟，2010，《我国公共教育供给短缺的原因分析》，《经济体制改革》第 5 期。

李玲，2001，《中国教育经费支出效益的经验分析》，《河北经贸大学学报》第 2 期。

李美玲，2009，《教育供给在市场与政府之间》，《现代企业教育》第 7 期。

李清彬、任子雄，2009，《中国省际高校科研效率的经验研究：2002－2006——基于 DEA 模型的效率分析》，《山西财经大学学报》（高等教育版）第 1 期。

李细建、廖进球，2009，《有限理性视角下的地方政府行为分析》，《社会科学家》第 10 期。

李祥云、魏萍，2014，《财政分权、地方政府行为扭曲与城乡中小学布局调整》，《当代财经》第 1 期。

李勇刚、高波、王璟，2012，《晋升激励、土地财政与公共教育均等化》，《山西财经大学学报》第 12 期。

李郁芳、于之倩，2013，《中国地方政府公共教育的支出效率及其影响因素研究》，《福建师范大学学报》（哲学社会科学版）第 5 期。

厉以宁，1999，《关于教育产品的性质和对教育的经营》，《教育科学研究》第 3 期。

梁海音，2008，《公共选择经济学》，长春出版社。

梁权森、彭新一，2009，《基于 DEA 方法的研究型大学办学效益评价研究》，《高等工程教育研究》第 2 期。

廖楚辉，2003，《政府教育支出效益、结构及模型》，《财政研究》第 4 期。

廖燕、张炜、伍咏梅，2008，《公共教育支出绩效评价研究——基于 DEA 方法的应用》，《中国西部科技》第 8 期。

林江、孙辉、黄亮雄，2011，《财政分权、晋升激励和地方政府义务教育供给》，《财贸经济》第 1 期。

林毅夫、刘志强，2000，《中国的财政分权与经济增长》，《北京大学学报》（哲学社会科学版）第 4 期。

刘长生、郭小东、简玉峰，2008，《财政分权与公共服务提供效率研究——基于中国不同省份义务教育的面板数据分析》，《上海财经大学学报》第 8 期。

刘瑞明、白永秀，2010，《晋升激励与经济发展》，《南方经济》第 1 期。

刘小勇，2009，《经济增长视野下的中国财政分权实证研究》，博士学位论文，山东大学经济学系。

刘澈元，2004，《转型期我国政府治理成本的制度分析》，《甘肃社会科学》第 4 期。

刘泽云、袁连生，2006，《我国公共教育投资比例研究》，《高等教育研究》第 2 期。

陆根书、刘蕾，2006，《不同地区教育部直属高校科研效率比较研究》，《复旦教育论坛》第 2 期。

陆根书、刘蕾，2007，《2000－2004 年间教育部直属高等学校科研效率及发展趋势研究》，《大学·研究与评价》第 5 期。

鲁雁飞，2008，《中国高等教育规模经济效益评估》，《求索》第 5 期。

罗伟卿，2010，《财政分权是否影响了公共教育供给——基于理论模型与地级面板数据的研究》，《财经研究》第 11 期。

闵维方，2003，《跨越式发展与创新教育理念》，《中国高等教育》第 2 期。

闵维方、杨周复、李文利，2003，《为教育提供充足的资源》，人民教育出版社。

平新乔、白洁，2006，《中国财政分权与地方公共品的供给》，《财贸经济》第 2 期。

乔宝云，2002，《增长与均等的取舍——中国财政分权政策研究》，人民出版社。

乔宝云、范剑勇、冯兴元，2005，《中国的财政分权与小学义务教育》，《中国社会科学》第 6 期。

沈坤荣、付文林，2005，《中国的财政分权制度与地区经济增长》，《管理世界》第 1 期。

沈立人、戴园晨，1990，《我国"诸侯经济"的形成及其弊端和根源》，《经济研究》第 3 期。

申玲，2009，《我国公共教育支出绩效评价模型的构建》，《中国管理信息化》第 10 期。

沈伟，2008，《试析中国税权划分对经济增长的影响》，《税务研究》第 10 期。

孙群力，2009，《地区差距、财政分权与中国地方政府规模》，《财贸经济》第 7 期。

田东平、苗玉凤、崔瑞峰，2005，《我国重点高校科研效率的 DEA 分析》，《科技管理研究》第 8 期。

王爱民，2009，《财政分权、地方政府行为与公共教育支出》，《金融与经济》第 12 期。

王兵、朱宁，2011，《不良贷款约束下的中国上市商业银行效率和全要素生产率研究——基于 SBM 方向性距离函数的实证分析》，《金融研究》第 1 期。

汪丁丁，1992，《制度创新的一般过程》，《经济研究》第 5 期。

王定华，2006，《美国的基础教育财政体制》，《世界教育信息》第 5 期。

王珺，2004，《增长取向的适应性调整：对地方政府行为演变的一种理论解释》，《管理世界》第 8 期。

王善迈，1989，《我国教育经费面临的问题和对策》，《教育与经济》第 1 期。

王善迈，2003，《重构我国公共教育财政体制》，《中国教育报》2 月 22 日，第 4 版。

王善迈，2004，《教育投入与产出研究》，河北教育出版社。

王韬、沈伟，2009，《中印财政分权的经济增长效应研究》，《财贸经济》第 1 期。

王文剑、覃成林，2007，《财政分权、地方政府行为与地区经济增长——一个基于经验的判断及检验》，《经济理论与经济管理》第 10 期。

王文剑、覃成林，2008，《地方政府行为与财政分权增长效应的地区性差异——基于经验分析的判断、假说及检验》，《管理世界》第1期。

王守坤、任保平，2009，《财政联邦还是委托代理：关于中国式分权性质的经验判断》，《管理世界》第11期。

王欣双，2011，《中国教育供给的公平与效率问题研究》，博士学位论文，东北财经大学经济学系。

王亚雄，2007，《高校教育资源配置效率的实证分析》，《财经理论与实践》第2期。

王永钦、张晏、章元、陈钊、陆铭，2006，《十字路口的中国经济：基于经济学文献的分析》，《世界经济》第10期。

魏凤春，2005，《财政压力周期变动下的政府行为》，博士学位论文，南开大学经济学系。

温娇秀，2006，《中国的财政分权与经济增长——基于省级面板数据的实证》，《当代经济科学》第5期。

吴建南、李贵宁，2004，《教育财政支出绩效评价：模型及其通用指标体系构建》，《西安交通大学学报》（社会科学版）第2期。

吴一平，2008，《财政分权、腐败与治理》，《经济学》第3期。

谢平、陆磊，2003，《中国金融腐败指数：方法论与设计》，《金融研究》第8期。

谢庆奎，1995，《中国政府体制分析》，中国广播电视出版社。

许成钢，2008，《政治集权下的地方经济分权与中国改革》，《比较》第36期。

徐建汪、旭辉，2009，《我国区域高等教育的效率评价——基于DEA模型的实证分析》，《高等工程教育研究》第4期。

徐娟，2009，《我国各省高校科研投入产出相对效率评价研究——基于数据包络分析方法》，《清华大学教育研究》第 2 期。

许余洁、王鑫，2011，《高校科研效率与规模收益状况分析》，《兰州学刊》第 2 期。

杨会良，2006，《改革开放前我国教育财政体制的演变与特征》，《河北大学学报》（哲学社会科学版）第 4 期。

杨瑞龙，1998，《我国制度变迁方式转换的三阶段论——兼论地方政府的制度创新行为》，《经济研究》第 1 期。

杨瑞龙、杨其静，2000，《阶梯式的渐进制度变迁模型——再论地方政府在我国制度变迁中的作用》，《经济研究》第 3 期。

叶翠娟，2010，《财政分权对中国教育支出的影响及其原因分析》，《经济论坛》第 6 期。

岳昌君，2008，《我国公共教育经费的供给与需求预测》，《北京大学教育评论》第 2 期。

张芳山、刘浩林，2006，《政府行为规制的新制度经济学分析》，《求索》第 8 期。

张国庆，2005，《行政管理学概论》，北京大学出版社。

张恒龙、陈宪，2007，《政府间转移支付对地方财政努力与财政均等的影响》，《经济科学》第 1 期。

张恒龙、康艺凡，2007，《财政分权与地方政府行为异化》，《中南财经政法大学学报》第 6 期。

张军，2005，《中国经济发展：为增长而竞争》，《世界经济文汇》第 4 期。

张军，2007，《分权与增长：中国的故事》，《经济学》第 1 期。

张军、高远、傅勇、张弘，2007，《中国基础设施的基础研究：省级层面的度量、发现与解释（1978 - 2004）》，《经济研究》第

4 期。

张立荣，2003，《论有中国特色的国家行政制度》，中国社会科学出版社。

张立荣、冷向明，2007，《当代中国政府治理范式的变迁机理与革新进路》，《华中师范大学学报》第 3 期。

张菀洺，2009，《中国公共教育的政策取向与财政机制》，《东南学术》第 4 期。

张茂华、胡永宏，2010，《基于 SBM 模型我国高等教育效率评价研究》，《统计教育》第 7 期。

张晏，2005，《分权体制下的财政政策与经济增长》，上海人民出版社。

张晏，2005，《标尺竞争在中国存在吗？——对我国地方政府公共支出相关性的研究》，复旦大学中国社会主义市场经济研究中心工作论文。

张晏、龚六堂，2006，《分税制改革、财政分权与中国经济增长》，《经济学》第 1 期。

郑秉文，2002，《公共品、公共选择理论中的教育》，《世界经济与政治》第 12 期。

周继良，2009，《我国教育市场失灵的若干理论分析——一个经济学的视野》，《教育理论与实践》第 10 期。

周黎安，2004，《晋升博弈中政府官员的激励与合作——兼论我国地方保护主义和重复建设问题长期存在的原因》，《经济研究》第 6 期。

周黎安，2007，《中国地方官员的晋升锦标赛模式研究》，《经济研究》第 7 期。

周业安，2003，《地方政府竞争与经济增长》，《中国人民大学学报》第 1 期。

周业安、章泉，2008，《财政分权、经济增长和经济波动》，《管理世界》第3期。

周业安、赵晓男，2002，《地方政府竞争模式研究——构建地方政府间良性竞争秩序的理论和政策分析》，《管理世界》第21期。

周镇宏、何翔舟，2001，《论政府成本》，《中国行政管理》第7期。

朱恒鹏，2004，《地区间竞争、财政自给率和公有制企业民营化》，《经济研究》第10期。

朱志刚，2003，《财政支出绩效评价研究》，中国财政经济出版社。

邹俊伟、扬中全、段谋娟，2010，《财政分权、转移支付与地方政府教育投入努力》，《中央财经大学学报》第1期。

Aigner, D. J., S. E. Chu. 1968. "On Estimating Industry Production Functions." *American Economic Review* 58: 826–839.

Akai, N., Y. Nishimura, M. Sakata. 2007. "Complementarity, Fiscal Decentralization and Economic Growth." *Economics of Governance* 8: 339–362.

Akai, N., M. Sakata. 2002. "Fiscal Decentralization Contributes to Economic Growth: Evidence from Stata-level Cross-section Data for United States." *Journal of Urban Economics* 52: 93–108.

Arellano, M., S. R. Bond. 1991. "Some Tests of Specification for Panel Data: Monte Carlo Evidence and An Application to Employment Equations." *Review of Economic Studies* 58: 277–297.

Arellano, M., O. Bover. 1995. "Another Look at the Instrumental Variable Estimation of Error-components Models." *Journal of Econometrics* 68: 29–52.

Arikan, G. 2004. "Fiscal Decentralizations: A Remedy for Corruption." *International Tax and Public Finance* 11: 175 – 195.

Arrow, K J. 1970. "The Organization of Economic Activity: Issues Pertinent to the Choice of Market Versus Non-market Allocation." In Joint Economic Committee, *The Analysis and Evaluation of Public Expenditures: The PPB System*, Vol. I. Washington D. C. : U. S. GPO.

Bahl, R. W., Johannes L. F. 1992. *Urban Public Finance in Developing Countries.* New York: Oxford University Press.

Bahl, R., S. Nath. 1986. "Public Expenditure Decentralization in Developing Economies." *Government and Policy* 4: 405 – 418.

Baicker, K. 2005. "The Spillover Effects of State Spending." *Journal of Public Economics* 89: 529 – 544.

Bandhan, P. 2002. "Decentralization of Governance and Development." *Journal of Economic Perspective* 16: 185 – 196.

Bardhan, P., D. Mookherjee. 2000. "Relative Capture of Local and Central Governments: An Essay in the Political Economy of Decentralization." Working Paper, University of California, Berkeley and Boston University.

Barr, N. 1998. *The Economics of Welfare State.* New York: Oxford University Press.

Benson, C. S. 1995. *International Encyclopedia of the Economics of Education.* New York: Pergamon.

Berkowitz, D., W. Li. 2000. "Tax Rights in Transition Economics: A Tragedy of the Commons?" *Journal of Public Economics* 76: 369 – 397.

Besley, T., A. Case. 1995. "Incumbent Behavior: Vote-seeking, Tax-setting, and Yardstick Competition." *American Economic Review*

85: 25 – 45.

Besley, T., S. Michael. 2003. "Does Tax Competition Raise Voter Welfare?" CEPR Discussion Papers, No. 3131.

Bessent, A., W. Bessent. 1980. "Determining the Comparative Efficiency of Schools Through Data Envelopment Analysis." *Educational Administration Quarterly* 16: 57 – 75.

Bessent, A., W. Bessent, J. Kennington, B. Reagan. 1982. "An Application of Mathematical Programming to Assess Productivity in the Houston Independent School District." *Management Science* 28: 1355 – 1367.

Bird, R., Rodriguez, E., 1999. "Decentralization and Poverty Alleviation. International Experience and the Case of the Philippines." *Public Administration and Development* 19: 299 – 319.

Blanchard, O., A. Shlefer. 2001. "Federalism with and without Political Centralization: China Versus Russia." IMF Staff Papers 48: 171 – 179.

Blundell, R. W., S. R. Bond. 1998. "Initial Conditions and Moment Restrictions in Dynamic Panel Data Models." *Journal of Econometrics* 87: 115 – 143.

Brennan, G., J. Buchanan. 1980. *The Power to Tax: Analytical Foundations of a Fiscal Constitution.* Cambridge: Cambridge University Press.

Bosker, R., B. Creemers. S. Stringfield. 1999. *Enhancing Educational Excellence, Equity, and Efficiency: Evidence from Evaluations of Systems and Schools in Change.* Kluwer Academic Publish Press.

Bucovetsky, S. 2005. "Public Input Competition." *Journal of Public Economics* 89: 1763 – 1787.

Burki, S., G, Perry, W. Dillinger. 1999. "Beyond the Center: Decentralizing the State." Working Paper, World Bank Latin America and Caribbean Studies. Washington, D. C. : World Bank.

Cai, H., D. Treisman. 2005. "Does Competition for Capital Discipline Governments? Decentralization, Globalization, and Public Policy." *The American Economic Review* 95: 817 – 830.

Carrion-i-Silvestre, J., M. Espasa, T. More. 2008. "Fiscal Decentralization and Economic Growth in Spain." *Public Finance Review* 36: 194 – 218.

Charnes, A., W. Cooper, E. Rhodes. 1978. "Measuring the Efficiency of Decision Making Units." *European Journal of Operational Research* 2: 429 – 444.

Collins, C. D., A. Green. 1994. "Decentralization and Primary Health Care: Some Negative Implications in Developing Countries." *International Journal of Health Services* 24: 459 – 475.

Cooper, W. W., L. M. Seiford, K. Tone. 2007. *Data Envelopment Analysis (2nd Edition)*. Kluwer Academic Publish Press.

Davoodi, H., Zou H., 1998. "Fiscal Decentralization and Economic Growth: A Cross-country Study." *Journal of Urban Economics* 43: 244 – 257.

De Mello, L. R., 2000. "Fiscal Decentralization and Intergovernmental Fiscal Relations: A Cross Country Analysis." *World Development* 28: 365 – 380.

Desai, R. M., L. M. Freinkman, I. Goldberg. 2003. "Fiscal Federalism and Regional Growth: Evidence from the Russian Federation in the 1990s." Policy Research Working Paper.

Dethier, J. J. 1999. "Governance and Economic Performance: A

Survey." World Bank Policy Research Working Paper, 3138.

De Witte, K., E. Thanassoulis, G. Simpson, G. Battisti, A. Charlesworth-May, Assessing Pupil. 2008. "School Performance by Non-parametric and Parametric Techniques." Aston University Working Paper.

Dreher, A. 2006. "Power to the People? The Impact of Decentralization on Governance." KOF Swiss Economic Institute Working Paper No. 06 – 121, Zurich.

Ehdaie, J. 1994. "Fiscal Decentralization and the Size of Government." Policy Research Working Paper 1387. Washington, D. C.: World Bank.

Eller, M. 2004. "The Determinants of Fiscal Decentralization and Its Impact on Economic Growth: Empirical Evidence from a Panel of OECD Countries." Unpublished Diploma, Vienna University of Economics and Business Administration.

Enikolopov, R. E. Zhuravskaya. 2007. "Decentralization and Political Institutions." *Journal of Public Economics* 91: 261 – 290.

Faguet, J. P. 2004. "Dose Decentralization Increase Government Responsiveness to Local Needs? Evidence from Bolivia." *Journal of Public Economics* 88: 867 – 893.

Färe, R., S. Grosskopf, and C. A. Pasurka. 2007. "Environmental Production Functions and Environmental Directional Distance Functions." *Energy* 32: 1055 – 1066.

Fisman, R., R. Gatti. 2002. "Decentralization and Corruption: Evidence across Countries." *Journal of Public Economics* 83: 325 – 345.

Fukasaku, K., L. De Mello. 1999. "Fiscal Decentralization in Emerging Economies: Governance Issues." Paper presented at Development Centre of the Organization for Economic Co-operation and Development.

Fukuyama, H., W. L. Weber. 2009. "A Directional Slack-based Measure of Technical Inefficiency." *Socio-Economic Planning Sciences* 43: 274 – 287.

Garzarelli, G. 2004. "The Theory of Fiscal Federalism as a Theory of Economic Organization: Assessment and Prospectus." Working Paper, Department of Economics, Università DegliStudi di Roma, "La Sapienza," Rome, Italy.

Goodspeed, T. J. 2002. "Bailouts in a Federalism." *International Tax and Public Finance* 9: 409 – 421.

Guess, G., W. Loehr, J. Martinez-Vazquez. 1997. "Fiscal Decentralization: A Methodology for Case Studies." CAER Consulting Assistance on Economic Reform Ⅱ: Discussion Paper, No. 3. Washington, D. C.: USAID.

Grossman, P. J. 1989. "Fiscal Decentralization and Government Size: An Extension." *Public Choice* 62: 63 – 69.

Hoffman, B., G. S. Cordeira. 1998. "Ensuring Inter Regional Equity and Poverty Reduction." ISP Working Paper, Number 04 – 11, Andrew Young School of Policy Studies, Georgia State University.

Huther, J., A. Shah. 1998. "Applying a Simple Measure of Good Governance to the Debate on Fiscal Decentralization." World Bank, Washington, D. C. Policy Research Working Paper 1894.

Inman, Robert P., Daniel L. Rubinfeld. 1997. "Rethinking Federalism." *Journal of Economic Perspectives* 11: 43 – 64.

Jin, H., Y. Qian, B. Weingast. 2000. "Regional Decentralization and Fiscal Federalism: Chinese Style." Hoover Institution Working Paper. Palo Alto: Stanford University.

Jin, H., Y. Qian, B. Weingast. 2005. "Regional Decentralization and Fiscal Incentive Federalism, Chinese Style." *Jounal of Public Economics* 89: 1719 – 1742.

Jin, J., H. Zou. 2002. "How Does Fiscal Decentralization Affect Aggregate, National, and Subnational Government Size?" *Journal of Urban Economics* 52: 270 – 293.

John A., Gerking S. 2000. "Regulatory Federalism and Environmental Protection in the United States." *Journal of Regional Science* 40: 453 – 471.

Kalyan, C., B. Basudeb, W. Cris L. 2001. "Measurement of Technical Efficiency in Public Education: A Stochastic and Nonstochastic Production Function Approach." *Southern Economic Journal* 67: 889 – 905.

Kaufmann, D., A. Kraay P. Zoido-Lobaton. 1999. "Aggregating Governance Indicators." World Bank Policy Research Working Paper, No. 2195.

Kee, W. 1977. "Fiscal Decentralization and Economic Development." *Public Finance Quarterly* 5: 79 – 97.

Keen, M., M. Marchand. 1996. "Fiscal Competition and the Pattern of Public Spending." *Journal of Public Economics* 66: 33 – 53.

Klitgaard, R., H. George. 1975. "Are There Unusually Effective Schools?" *Journal of Human Resources* 10: 90 – 106.

Kyria, Andreas P., Oriol Roca-Sagale. 2011. "Fiscal Decentralization and Government Quality in the OECD." *Economics Letters* 111: 191 – 193.

Laurens, C., D. W. Kristof, O. Erwin, N. Ides. 2010. "Efficiency and Equity in Private and Public Education: A Nonparametric Comparison." *European Journal of Operational Research* 202: 563 – 573.

Levin, H. 1974. "Measuring Efficiency in Educational Production." *Public Finance Quarterly* 1974: 3 – 24.

Limi, A. 2005. "Decentralization and Economic Growth Revisited: An Empirical Note." *Journal of Urban Economics* 57: 449 – 461.

Li, H. B., L. A. Zhou. 2005. "Political Turnover and Economic Performance: Personnel Control in China." *Journal of Public Economics* 89: 1743 – 1762.

Lin, Y., Z. Liu. 2000. "Fiscal Decentralization and Economic Growth in China." *Economic Development and Cultural Change* 49: 1 – 22.

Lin, Y., R. Tao, Liu M. Xing. 2007. "Rural Taxation and Local Governance Reform in China's Economic Transition: Origins, Policy Responses and Remaining Challenges." China Center for Economic Research (CCER), Peking University, Working Paper Series, NO. E2007001.

Ma, J. 1997. *Intergovernmental Relation and Economic Management in China*. England: Macmillan Press.

Marlow, M. L. 1988. "Fiscal Decentralization and Government Size." *Public Choice* 56: 259 – 269.

Martinez-Vazquez, J., R. McNab. 2002. "Fiscal Decentralization, Macroeconomic Stability, and Economic Growth." International Studies Program Working Paper. Atlanta: Andrew Young School of Policy Studies, Georgia State University.

Martinez-Vazquez, J., R. McNab. 2003. "Fiscal Decentralization and Economic Growth." *World Development* 31: 1597 – 1616.

Maskin, E., Y. Qian, and C. Xu. 2000. "Incentives, Information, and Organizational Form." *Review of Economic Studies* 67: 359 – 378.

Mauro, P. 1998. "Corruption and the Composition of Government Expenditure." *Journal of Public Economics* 69: 263 – 279.

McCarty, T. A., Y. Suthathip. 1993. "Technical Efficiency in New Jersey School." In H. O. Fried, C. A. Knox Lovell and S. S. Schmidt (eds), *The Measurement of Production Efficiency: Techniques and Applications.* New York: Oxford University Press.

Mckinnon, R. 1997. "Market-preserving Fiscal Federalism in the American Monetary Union." In Mairo, B. and T. Ter-Minassian (Eds), *Macroeconomic Dimensions of Public Finance*, Routledge.

Montinola, G., Y. Qian, B. R. Weingast. 1995. "Federalism, Chinese Style: The Political Basis for Economic Success in China." *World Politics* 48: 50 – 81.

Musgrave, R. A. 1959. *The Theory of Public Finance.* New York: McGraw-Hill.

Neyapti, B. 2010. "Fiscal Decentralization and Deficits: International Evidence." *European Journal of Political Economy* 26: 155 – 166.

Nolan, P. 1995. *China's Rise, Russia's Fall: Politics, Economics and Planning in the Transition from Stalinism.* New York: St. Martin's Press.

Oates, W. E. 1972. *Fiscal Federalism.* New York: Harcourt Brace.

Oates, W. E. 1985. "Searching for Leviathan: An Empirical Study." *The American Economic Review* 75: 748 – 758.

Oates, W. E. 1993. "Fiscal Decentralization and Economic Development." *National Tax Journal* 46: 237 – 243.

Oates, W. E. 1995. Comment on 'Conflicts and Dilemmas of Decentralization' by Rudolf Hommes, in Annual World Bank Conference on Development Economics (Eds) M. Bruno and B. Pleskovic, World Bank, Washington, D. C., 351 – 353.

Oates, W. E. 2005. "Toward a Second-generation Theory of Fiscal Federalism." *International Tax and Public Finance* 12: 349 – 373.

O' Donoghue, C., S. Thomas, H. Goldstein, T. Knight. 1997. "Value Added for 16 – 18 Years Old in England." DFEE Research Series RS52.

OECD. 2006. "China in the Global Economy: Challenges for China's Public Spending toward Greater Effectiveness and Equity."

Panizza, U. 1999. "On the Determinants of Fiscal Centralization: Theory and Evidence." *Journal of Public Economics* 74: 97 – 139.

Prud'homme, R. 1995. "On the Dangers of Decentralization." *World Bank Economic Review* 10: 201 – 220.

Pommerehne, W. 1977. "Quantitative Aspects of Federalism: A Study of Six Countries." In W. Oates (Ed.), *The Political Economy of Fiscal Federalism* (pp. 275 – 355). Lexington, Massachusetts: D. C. Heath.

Qian, B., J. Martinez-Vazquez, Y. Yu. 2002. "Growth and Equity Trade-off in Decentralization Policy." China's Experience, Working Paper 02 – 16, Intenational Studies Program, Georgia State University.

Qian, Y., G. Roland. 1998. "Federalism and the Soft Budget Constraint." *American Economic Review* 88: 1143 – 1162.

Qian, Y., R. B. Weingast. 1996. "China's Transition to Markets: Market-preserving Federalism, Chinese Style." *Journal of Policy Re-*

form 1: 149 – 185.

Qian, Y., B. R. Weingast. 1997. "Federalism as a Commitment to Preserving Market Incentives." *Journal of Economic Perspectives* 11: 83 – 92.

Ray, S. C. 1991. "Resource-use Efficiency in Public Schools: A Study of Connecticut Data." *Management Science* 37: 1621 – 1628.

Robalino, M. G., O. F. Picazo, A. Voetberg. 2001. "Does Fiscal Decentralization Improve Health Outcomes? Evidence for Cross Country Analysis." World Bank Country Economics Department Series 2565, The World Bank.

Rodden, J. 2003. "Reviving Leviathan: Fiscal Federalism and the Growth of Government." *International Organization* 57: 695 – 729.

Rodden, J. 2006. "The Dilemma of Fiscal Federalism: Grants and Fiscal Performance Around the World." *American Journal of Political Science* 46: 670 – 687.

Rubinfeld, D. 1987. "The Economics of the Local Public Sector: A Methodological Review." Handbook of Pubic Economics 2: 87 – 161. Amsterdam: North Holland.

Samuelson, P. A. 1954. "The Pure Theory of Public Expenditure." *Reviews of Economics and Statistics* 36: 387 – 389.

Samuelson, P. A. 1955. "Diagrammatic Exposition of a Theory of Public Expenditure." *Reviews of Economics and Statistics* 37: 350 – 356.

Seabright, P. 1996. "Accountability and Decentralization in Government: An Incomplete Contracts Model." *European Economic Review* 40: 61 – 89.

Shah, A. 1999. "Fiscal Federalism and Macroeconomic Governance: For Better or for Worse." Fiscal Decentralization in Emerging

Countries: Governance Issues. Paris: OECD.

Shleifer, A. 1997. "Government in Transition." *European Economic Review* 41: 385 – 410.

Stigler, G. 1957. "The Tenable Range of Functions of Local Government, in Federal Expenditure Policy for Economic Growth and Stability." Washington D. C., Joint Economic Committee, Subcommittee on Fiscal Politics, 213 – 219.

Stein, E. 1998. "Fiscal Decentralization and Government Size in Latin America." In Fukasaku, K., R. Hausmann (Eds.), *Democracy, Decentralizationand Deficits in Latin America.* IDB-OECD, Washington D. C., 95 – 119.

Tabellini, G. 2000. "Constitutional Determinants of Government Spending." CESifo Working Paper, No. 265, Munich, Germany.

Taillant, D. 1994. "Decentralization: Local and Regional Government Development." A Literature Review, LATPS Mimeo. Washington, D. C.: World Bank.

Tanzi, V. 1996. "Fiscal Federalism and Decentralization: A Review of Some Efficiency and Macroeconomic Aspects." In Bruno, M., & B. Pleskovic (Eds.), *Annual World Bank Conference on Development Economics* (pp. 295 – 316). Washington, D. C.: World Bank.

Tanzi, V., L. Schuknecht. 2000. *Public Spending in the 20th Century: A Global Perspective.* Cambridge: Cambridge University Press.

Terry, M. 1990. "Political Institutions: The Neglected Side of the Story." *Journal of Law. Economics & Organization* 6: 213 – 253.

Thiessen, U. 2000. "Fiscal Federalism in Western Europe and Selected other Countries: Centralization or Decentralization? What is Better for Economic Growth?" Discussion Paper No. 224, Deutsches Institute fur Wirtschaftsforschung, 1 – 49.

Thiessen, U. 2003. "Fiscal Decentralisation and Economic Growth in High Income OECD Countries." *Fiscal Studies* 24: 237 – 274.

Tiebout, C. M. 1956. "A Pure Theory of Local Expenditures." *Journal of Political Economy* 64: 416 – 424.

Treisman, D. 2000. "Deeentralization and the Quality of Government." Working Paper, University of Califomia, Los Angeles, November.

Treisman, D. 2002. "Decentralization and the Quality of Government." Paper presented at University of California.

Tsui, K., Y. Q. Wang. 2004. "Between Separate Stoves and A Single Menu: Fiscal Decentralization in China." *China Quarterly* 177: 71 – 90.

Tone, K. 2001. "A Slacks-based Measure of Efficiency in Data Envelopment Analysis." *European Journal of Operational Research* 130: 498 – 509.

Wang, S. Na, Yang Y. 2006. "Grassroots Democracy and Local Governance: Evidence form Rural China." China Center for Economic Research (CCER), Peking University Working Paper Series, NO. E2006001.

Wasylenko, M. 1987. "Fiscal Decentralization and Economic Development." *Public Budgeting and Finance* 7: 57 – 71.

Weingast, B. R. 1995. "The Economic Role of Political Institutions: Market-preserving Federalism and Economic Development." *Journal of Law and Economic Organization* 11: 1 – 31.

Weingast, B. R. 2006. "Second Generation Fiscal Federalism: Implications for Decentralized Democratic Governance and Economic Development." Working Paper, Hoover Institution, and Department of Political Science, Stanford University.

Wildasin, D. E. 1989. "Nash Equilibria in Models of Fiscal Competition." *Journal of Public Economics* 35: 229 – 240.

Wilson, J. D. 1991. "Tax Competition with Interregional Differences in Factor Endowments." *Regional Science and Urban Economics* 21: 423 – 451.

Woller, G., K. Phillips. 1998. "Fiscal Decentralization and LDC Economic Growth: An Empirical Investigation." *Journal of Development Studies* 34: 139 – 148.

World Bank. 1999. "World Development Report." Washington, D. C.: The World Bank.

World Bank. 2004. "World Development Report." Washington, D. C.: The World Bank.

Xie, D., H. F. Zou, H. Davoodi. 1999. "Fiscal Decentralization and Economic Growth in the US." *Journal of Urban Economics* 45: 228 – 239.

Yilmaz, S. 1999. "The Impact of Fiscal Decentralization on Macroeconomic Performance." Paper presented in 92nd Annual Conference on Taxation, Atlanta.

Yin, X. P. 2003. "Regional Integration in China: Incentive, Pattern, and Growth." Paper presented at Mimeo, Hong Kong Meeting in Economic Demography.

Zhang, X., R. Kanbur. 2003. "Spatial Inequality in Education and Health Care in China." Working Paper, IFPRI.

Zhang, T., H. Zou. 1998. "Fiscal Decentralization, Public Spending and Economic Growth in China." *Journal of Public Economics* 67: 221–240.

Zhang, X. B. 2006. "Fiscal Decentralization and Political Centralization in China: Implications for Regional Inequality." *Journal of Comparative Economics* 34: 713–726.

Zheng, J., X. Liu, A. Bigsten. 1998. "Ownership Structure and Determinants of Technical Efficiency: An Application of Data Envelopment Analysis to Chinese Enterprises (1986–1990)." *Journal of Comparative Economics* 26: 465–484.

Zhuravskaya, E. V. 2000. "Incentives to Provide Local Public Goods: Fiscal Federalism, Russian Style." *Journal of Public Economics* 76: 337–368.

Zodrow, G. R., P. Mieszkowski. 1986. "Pigou, Tiebout, Property Taxation and the Under-provision of Local Public Goods." *Journal of Urban Economics* 19: 356–370.

后 记

看着即将完成的书稿,感慨颇多。这是我的第一本学术著作,对于我而言是一个崭新的起点,也是对过去研究的一个总结。

2011年,提前一年获得硕士学位的我来到暨南大学开始攻读博士学位,师从李郁芳教授。从进入暨南大学的第一天起,李老师便要求我阅读经典的文献和最新的外文文献,鼓励我争取机会出国留学,使当时茫然的我有了前进的目标和方向。恰恰在这一年,暨南大学公布了国家留学基金委资助博士研究生访学的申请通知。我便积极准备申请公派留学。最终在李老师、郑杰师兄,以及其他老师的热心帮助下,我成功申请到赴丹麦哥本哈根商学院公派访学一年的机会,师从亚洲研究中心的主任 Kjeld Erik Brødsgaard 教授。他是一个"中国通",对于中国的文化颇为了解,也使我与他的距离在初次见面就拉近不少。在丹麦哥本哈根商学院访学期间,我认识了李鑫等年轻学者。平日里的学术交流和讨论开阔了我的学术视角,一年的访学使我的收获很大,不仅使我收获了与国外一些同仁的友谊和学术合作关系,也大大影响了我对做研究的认识。

我认为做研究应当先做人。这也是我的导师一直教导学生的理念。回顾历史,许多仁人志士因做人正确而成就辉煌。清朝的曹雪芹孤傲不屈,疾恶如仇,于是"批阅十载,增删五次",最终使

《红楼梦》屹立于章回小说的巅峰。但如果他像少年时那样"锦衣纨绔""饮甘餍食",他的一生可能会因此改写。在研究的过程中,应发扬研究的精神——专注、坚持和合作。这也是我从导师及周围优秀老师身上学到的品质,专注于研究的领域,积极学习研究领域的最新成果,及时了解前沿动态,只有这样才能持续性地跟进研究的过程。只有专注于某一领域的研究,才能形成自己的特色,从而在该领域有一定的学术地位,而合作,在现今显得尤为重要。通过合作,可发挥各自的研究优势,从而提高研究的效率。

本书主要以我在读博阶段的研究成果为基础加以整理和完善,感谢广州大学青年博士学术文库对本书出版的资助。我还要感谢广州大学各级领导和经济与统计学院各位老师对我工作的支持和关心。

最后,我要把本书献给我的家人。感谢父母对我的教育和培养,感谢他们无私的爱!感谢公公婆婆对我的支持和理解!感谢丈夫一直的陪伴和对我的悉心照顾!

于之倩
2017 年 6 月

图书在版编目(CIP)数据

地方政府与公共教育:以财政分权为视角/于之倩著.--北京:社会科学文献出版社,2017.8
(广州大学·青年博士学术文库)
ISBN 978-7-5201-0626-9

Ⅰ.①地… Ⅱ.①于… Ⅲ.①地方教育-教育财政-研究-中国 Ⅳ.①G526.7

中国版本图书馆CIP数据核字(2017)第070859号

广州大学·青年博士学术文库
地方政府与公共教育
——以财政分权为视角

著　　者 /	于之倩
出 版 人 /	谢寿光
项目统筹 /	宋月华　韩莹莹
责任编辑 /	孙以年　韩莹莹
出　　版 /	社会科学文献出版社·人文分社 (010) 59367215 地址:北京市北三环中路甲29号院华龙大厦　邮编:100029 网址:www.ssap.com.cn
发　　行 /	市场营销中心 (010) 59367081　59367018
印　　装 /	三河市东方印刷有限公司
规　　格 /	开　本:787mm×1092mm　1/16 印　张:11.25　字　数:146千字
版　　次 /	2017年8月第1版　2017年8月第1次印刷
书　　号 /	ISBN 978-7-5201-0626-9
定　　价 /	79.00元

本书如有印装质量问题,请与读者服务中心(010-59367028)联系

版权所有 翻印必究